KB214007

티베트, 人間과 文化

칼라차크라 탱화(幀畫).
Thanka of Kalachakra.

티베트, 人間과 文化

Tibet, its People and Culture

티베트 임시정부에서 제공한 사진과 글

문진희 엮음

열화당

이 책은 1988년 6월 22일 티베트 문화연구소의 초청으로 온
덴마 로초 린포체와 라티 린포체, 그리고 문화담당 카르마 겔렉과
교육담당 예시 틴레이 라마승의 방한(訪韓) 기념으로 펴냈던 것을,
삼십 년 후인 2017년 8월에 다시 출간한 것입니다.

This book was published in commemoration of the first visit
to Korea of Denma Lochoe Rinpoche, Lati Rinpoche, Karma
Gelek Yuthok lama and Yeshi Tinlay lama at the invitation of
Tibet Culture Study Center in Korea, on June 22, 1988. After
30 years later this book is republished on August 2017.

THE DALAI LAMA

FOREWORD

Tibet is a land of a long history and a rich culture deeply rooted in Buddhism. More than twenty years back a book, 'Tibet, its People and Culture', was published in Korea. It gives a glimpse of our people and culture. This book, with its beautiful pictures, reminds us about the challenges the Tibetan refugee community in exile faced as we worked to preserve the ancient and rich Tibetan culture and way of life.

I am glad that the book is being published again. I hope that it would continue to help the people to get an idea of the Tibetan people and our culture. In particular, it will enlighten people on the richness of our culture, the spiritual tradition of which is based on the Nalanda Tradition of Buddhism that we have preserved in its entirety. I thank Dr. Moon Jin Hee for her initiative in bringing out this book.

April 19, 2017

2017년판 서문

티베트는 오랜 역사와 풍부한 문화를 가진 나라로, 불교에 깊이 뿌리를 두고 있습니다. 『티베트, 인간과 문화』라는 책이 삼십 년 전에 한국에서 출간되었을 때, 이 책은 티베트 사람들과 그 문화를 처음으로 한국 사람들에게 알리는 역할을 했습니다. 더불어 아름다운 사진들은 유구하고 풍요로운 티베트 문화와 삶의 양식을, 망명 중인 티베트 난민 공동체가 어떤 어려움 가운데 노력하고 있는지를 잘 보여 주었습니다.

책이 재출간된다는 반가운 소식을 듣게 되어 기쁘며, 티베트 사람들과 문화에 대한 이해를 돕는 데 지속적으로 보탬이 되기를 바랍니다. 이 책은 특히 티베트 문화의 풍요로움과 날란다 불교 전통에 기반한 티베트의 영적(靈的) 전통을 독자들에게 알려 줄 것입니다. 이 책이 나오도록 솔선해 주신 문진희(文眞姬) 박사에게 감사를 표합니다.

달라이 라마
2017년 4월 19일

책을 다시 발간하며

태초에 계셨던 스승님께 경배합니다.
시간이 시작될 때 계셨던 스승님께 경배합니다.
진실한 영원하신 우리의 스승님께 경배합니다.
인간의 모습을 하신 나의 스승님께 경배합니다.

긴 세월이 흘렀습니다. 삼십여 년 전 요가 수행자로 달라이 라마(H. H. Dalai Lama)를 친견하고 이 자료들을 받았을 때, 한국 어디에서 누구와 이 작업을 해야 할지 몰랐습니다. 주변에서 최고의 책을 만들려면 열화당(悅話堂)을 찾으라고 하였을 때, 제겐, 스승을 뵈려면 달라이 라마를 친견하라고 했던 것과 같았습니다. 무조건 그분께 갔던 것처럼 무조건 열화당으로 갔습니다. 이기웅(李起雄) 대표님을 뵙고 이 자료로 책을 출간해 달라고 부탁드렸습니다. 달라이 라마께서 모든 것이 부족하고 어설펐던 저를 받아 주셨던 것처럼, 이기웅 대표님도 그렇게 받아 주셨습니다. 그래서 이 책이 탄생하였습니다.

삼십 년이 지난 지금, 명상 구도자로서 남은 삶을 살아가고 있습니다. 이 책을 다시 출간하면서 모든 분들께 감사드립니다. 또한 저의 부주의와 부덕함으로 상처를 받은 모든 분들께 용서를 구합니다.

영적(靈的) 여정을 가는 인간에게는 두 가지 기회가 주어져 있습니다. 첫번째 기회는 인간의 몸을 받은 것이고, 다른 하나는 완전한 스승을 만나는 것입니다. 우리는 비록 첫번째 영역인 물질계에서 인간의 몸을 받았지만, 영적 수행을 통해 해탈(解脫)이라는 관문을 통과할 수 있는 축복도 함께 받았습니다. 우리가 받은 인간의 몸은 수백만 종의 삶의 진화를 거치고 나서야 받은 귀한 선물이며, 윤회(輪廻)의 고리에서 벗어날 유일한 기회임을 성인(聖人)들은 상기시킵니다. 명상 수행으로 내

의료봉사를 위해 인도 다람살라의 티베트 임시정부를 방문한 문진희 박사를 반갑게 맞아 주시는 달라이 라마. 2014년 2월 27일.

His Holiness the Dalai Lama warmly welcomes Dr. Moon when she visits the Government of Tibet in Exile at Dharamsala, India for free medical camp. 27 Feb. 2014.

면의 장막을 없애고 스승의 지지와 그 지지의 힘으로 약점과 장애들을 넘어서게 되면 우리는 목적지에 도착할 것입니다.

이 세상이라는 곳에 초대되어 온 한 영혼이 그저 할 말이 없어 「기탄잘리(Gitanjali)」(신께 바치는 노래)를 부릅니다.

님의 황금마차가 황홀한 꿈처럼 멀리 그 눈부신 모습을 드러냈을 때, 나는 남의 집 문전(門前)마다 찾아들어 구걸하며 마을 길을 걸었습니다. 그리고 과연 왕 중의 왕은 누구실까 몹시도 궁금했습니다.

내 희망은 높이 솟구쳐 나의 저주스럽던 날들은 끝난 듯 생각되어 구걸하지 않아도 베풀어 주시리라 믿고 흙먼지 속에서 사방으로 뿌려질 재물을 기다리며 서 있었습니다.

마차는 내가 서 있는 곳에 와 멈추었습니다. 님은 나를 바라보고 웃으며 내려오셨습니다. 마침내 내 생의 행운이 찾아온 듯했습니다. 그때, 님은 갑자기 오른손을 내미시며 "너는 내게 무엇을 주려 하는가?"라고 말씀하셨습니다.

아아, 거지 아이에게 손 내밀어 구걸하실 줄이야! 너무나 심한 장난이 아니셨는지! 나는 당황하고 어찌할 바를 몰라 서 있다가 찌들은 주머니 속에서 천천히 얼마 안 되는 밀 한 줌을 꺼내어 님께 드렸습니다.

그러나 날 저물어 주머니 속의 것을 모두 바닥에 쏟자, 초라한 물건들 가운데서 아주 작은 금 한 알을 발견했을 때, 나의 놀라움은 얼마나 컸는지 모릅니다. 나는 소리 내어 엉엉 울었습니다. 내가 가진 모든 것을 님께 드렸어야 했는데 그러지 못하였기 때문이었습니다.

2017년 7월
문진희(文眞姬)

Compiler's Preface for the Second Print

I bow to the Master, who was in the beginning.
I bow to the Master, who was when time began.
I bow to the Master, the True and Everlasting.
I bow to the Gurdev, my Master, in human form.

Many years have passed. 30 years ago when I had an audience with His Holiness, the Dalai Lama as a yogini. he passed onto me these materials. At that time I had no idea how can I organize this into a published work. Through the counsel of my peers, they all suggested me that I should go to Youlhwadang publishers. When I was studying in India, wherever I sought out the spiritual leader, they showed me in the direction of the Dalai Lama. Here, everyone shows me in the direction of Youlhwadang. Just as His Holiness the Dalai Lama had embraced me unquestionably, Mr. Lee Gi Woong, the owner of Youlhwadang, had also accepted my proposal unquestionably. We met and I presented to him all the materials that I had received from the Dalai Lama and expressed my desire to print the materials into a book. And so, "Tibet, it's People and Culture" was born.

Now I have been a seeker for 30 years. With the reprint of this book, I would like to say, "Thank you" to everyone. Also I hope the people whom I have hurt can forgive me because of my mistakes and lack of virtue.

We are blessed with two opportunities. First is attaining human form and the second is being accepted by a Master. Even though we attaining human form in the material region, it presents a unique opportunity to liberate ourselves from the cycle of transmigration. The mystics reminds us that the human form is a precious gift obtained after millions of lives spent working our way through the evolutionary life cycle and that it presents a unique opportunity to liberate ourselves from the cycle of transmigration. Those who has removed the inner veil by meditation and has

옴 마니반메훔. 티베트 라사. 2006년 11월.

Oṃ maṇi padme hūṃ. Lhasa, Tibet.
Nov. 2006. © Dennis Jarvis

crossed all the weaknesses and obstacles by the support of Master will reach the destination.

Here is one soul invited to this world and she has nothing to say... simply sing the "Gitanjali (Song Offerings)"

I had gone a begging from door to door in the village path, when thy golden chariot appeared in the distance like a gorgeous dream and I wondered who was this king of all kings!

My hopes rose high and methought my evil days were at an end, and I stood waiting for alms to be given unasked and for wealth scattie-red on all sides in the dust.

The chariot stopped where I stood. Thy glance fell on me and thou camest down with a smile. I felt that the luck of my life had come at last. Then of a sudden thou didst hold out thy right hand and say, "What hast thou to give to me?"

Ah, what a kingly jest was it to open thy palm to a beggar to beg! I was confused and stood undecided, and then from my wallet I slowly took out the least little grain of corn and gave it to thee.

But how great my surprise where at the day's end I emptied my bag on the floor to find a least little grain of gold among the poor heap! I bitterly wept and wished that I had had the heart to give thee my all.

July, 2017
Moon Jin Hee

부다가야에서 법문(法門) 중인 승왕(僧王) 달라이 라마.
His Holiness the Dalai Lama in Bodh Gaya.

THE DALAI LAMA

THEKCHEN CHOELING
McLEOD GANJ 176219
KANGRA DISTRICT
HIMACHAL PRADESH

M E S S A G E

    I am pleased to learn that some Tibetan lamas are being invited to give Buddhist teachings in Korea. There are a sizable number of Buddhists in Korea and I believe that the teachings by Tibetan lamas will enlighten them not only as to the richness of Buddhism but also create better awareness of Tibetan Buddhism. No matter what tradition of Buddhism we may practise, we are following the same path; the one preached by Lord Buddha.

    I send you my prayers and good wishes.

May 6, 1988

메시지

    티베트 라마승들이 한국 불교와의 교류를 위하여 초청받은 데 대해 기쁘게 생각합니다. 한국에도 훌륭한 승려들이 많이 계시지만, 이번 티베트 라마승의 가르침이 불교의 증진뿐만이 아니라 티베트 불교를 보다 잘 이해하게 하는 데에 큰 도움이 되리라고 믿습니다. 우리가 잘못 수행하는 불교의 관습은 중요하지 않습니다. 우리는 같은 길, 즉 부처님의 가르침을 따르고 있는 것입니다.

    여러분에게 축복 있으시기를 빕니다.

    달라이 라마

    1988년 5월 6일

책을 엮으면서

도(道)는 무엇이고, 진리는 무엇이며, 생명은 무엇인가? 그 어느것으로도 이름 지을 수 없었던 나는 1985년 11월, 한 사람의 요가 수행자로서 인도로 떠났다. 당시 인도 뉴델리에서는 제51회 세계요가인대회가 열리고 있었으며, 나는 이 대회 참가를 계기로 요가 철학과 요가 경전 중 탄트라(密敎)에 대하여 깊은 관심을 갖게 되었다. 그러나 인도의 많은 스승과 성자 들을 만났음에도 불구하고, 나의 학문이나 수행은 그것을 이해하기에는 너무나 부족했다. 그러던 중 1986년 11월 13일, 지고(至高)의 덕을 지닌 승려이며 십사대 승왕(僧王) 달라이 라마를 알현하러 가는 긴 여로에서 나의 생애 중 가장 깊은 명상을 체험하게 되었다. 크기가 하늘만하고 빛깔이 하늘의 구름같이 흰 큰 소가 나의 온 몸을 감싸 안았다. 나는 흰 소 품에 다소곳이 앉아 물었다. "당신은 누구십니까." 그가 대답했다. "나는 달라이 라마다. 내가 그대에게 칼라차크라 탄트라를 전수하겠노라." 그때 나는 티베트에 대해 아무런 지식도 없었으며, 또 특별한 이유도 없이 오직 그를 만나야 한다는 일념으로 그를 찾았을 뿐이다. 그런 그날 저녁, 객지의 피곤함과 두려움을 씻기 위해 앉아 명상 중인 나에게 먼저 아시고 찾아와 주신 승왕 달라이 라마….

그후 나는 다람살라에서 달라이 라마의 법문(法門)을 통해 티베트 불교를 접하게 되었다. 티베트는 밀교국이면서 불교의 순수성을 그대로 지니고 있는 유일한 나라이다. 또한 티베트 불교는, 고대 인도 전역이 회교도에 의해 박해당할 때 인도 고승(高僧)들이 부처님의 경전과 함께 전한 인도의 불교가, 히말라야의 비경(祕境) 속에 자리한 티베트에 내밀히 간직되어 오고 있는 것이다. 나는 티베트인들이 그 오랜 세월 비장해 오고 있는 불교의 참모습을 생활 속에서 보고자 하

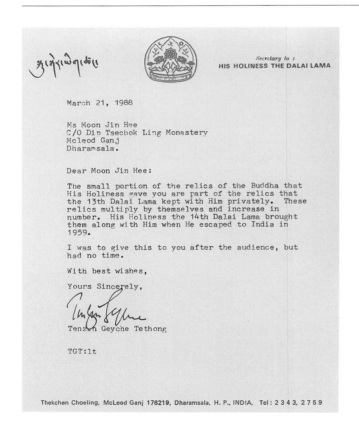

March 21, 1988

Ms Moon Jin Hee
C/O Din Tsechok Ling Monastery
Mcleod Ganj
Dharamsala.

Dear Moon Jin Hee:

The small portion of the relics of the Buddha that His Holiness gave you are part of the relics that the 13th Dalai Lama kept with Him privately. These relics multiply by themselves and increase in number. His Holiness the 14th Dalai Lama brought them along with Him when He escaped to India in 1959.

I was to give this to you after the audience, but had no time.

With best wishes,

Yours Sincerely,

Tenzen Geyche Tethong

TGT:lt

Thekchen Choeling, McLeod Ganj 176219, Dharamsala, H. P., INDIA, Tel : 2 3 4 3, 2 7 5 9

진신사리(眞身舍利). Buddha's relics.

◀여러분에게 보내 드리는 이 부처님의 진신사리는, 역대 승왕 달라이 라마가 전수해 오던 사리 중 일부분으로, 1959년 인도로 망명할 때 지니고 온 것입니다. 이 사리들은 자연적으로 증식되어 그 수가 늘어납니다. 이 사리를 대중 앞에서 공식적으로 전달해 드려야 했으나, 사정이 여의치 않아 아쉽습니다. 행운이 있으시기를 빕니다.

1988년 3월 21일 달라이 라마

였으며, 그들의 삶 속에서 사라져가는 인간 본연의 순수함, 자연 그대로에서 우리의 고향을 찾게 되었다.

이번 한국을 방문하는 라마승 네 분 중 텐마 로초 린포체와 라티 린포체는 그곳 승왕으로부터 인가받은 환생자로서 모든 승려들의 지도자이며, 문화담당인 카르마 겔렉과 교육담당인 예시 틴레이는 라마승이다. 또한 더할 수 없는 감사함은, 티베트에서 전수되어 온 부처님의 친사리를 국내에서는 처음으로 모시게 된 것이다. 우리나라에서도 오대 보궁(五大寶宮)을 비롯하여 여러 사찰에 부처님의 친사리가 모셔져 있으나, 승왕 달라이 라마의 친서(親書)를 첨부하여 한국으로 모시게 된 데에는 그 어떤 깊고 오묘한 법이 있었기 때문이리라 믿는다.

이 책은 티베트 승려들의 최초의 한국 공식 방문을 기념하기 위해 발간하는 것으로, 티베트 임시정부에서 제공한 사진 오십여 점과 소개글이 실려 있으며, 아울러 사진은 조계사를 비롯한 여러 사찰에서 순회 전시한다. 이번이 좋은 계기가 되어 티베트 불교와 한국 불교 사이에, 또한 수행자와 수행자 사이에 정중하고 따뜻한 도반으로서의 교류가 깊어지길 바란다. 이러한 원(願)과 뜻을 성심껏 겸허히 수행하기 위해 이번에 도반들과 함께 티베트 문화연구소를 마련하였다. 앞으로 이 연구소를 통해 티베트 문화의 신선함을 한국인에게 전하고, 또 우리의 따뜻하고 복된 숨결을 티베트인에게 전하고자 한다. 끝으로, 티베트 승려들의 한국 초청과 책자 발간에 큰 도움을 주신 원로 대덕스님들과 열화당의 여러분, 그리고 번역을 도와주신 서울대 심재룡 교수께 감사드리며, 티베트 임시정부에 축복을 보낸다.

자유와 평화가 우리 모두와 함께 영원하기를….

1988년 6월
티베트 문화연구소 문진희

승왕 달라이 라마를 중심으로 왕사(王師)인 링 린포체(왼쪽)와 트리장 린포체(오른쪽).

From left: Ling Rinpoche (Dalai Lama's teacher), His Holiness the Dalai Lama and Trijang Rinpoche (Dalai Lama's teacher).

Preface

What is enlightenment? How can we define the truth? What is the meaning of life? All these were unsolvable questions to me and they constantly remained as a mountain of obsession to me. To look for the answer to all these enigmas of my meditation, I set off on a long and lonely journey to India in November, 1985, with my mind directed towards yoga, practitioning in the homeland of yoga. This was a time when the World Convention of Yogis was being held in New Delhi and I was an earnest participant in the yogi's rally. The convention was a valuable event to me, an opportunity to begin contacts to a certain depth of yoga and to kindle my interest in the scriptures of Tantra.

My encounters with many of the senior monks of high learning and living saints gave me a chance to converse with them and to beg for teachings on the meaning of Tantra, I was still short in understanding the Tantric doctrines.

I was still in strong grips by the obsessing questions during my meditation when I decided to leave for Dharamsala. Dharamsala is a hillside village in northern India, where the Tibetan government in exile is seated. My journey to Dharamsala was to have an audience with His Holiness the Dalai Lama, 14th in a line of God-King of Tibet, who is an absolute ruler to Tibetans.

On the way to my pilgrimage in Dharamsala I happened to fall into a mysterious moment of meditative experience, the most impressive one, where I had never experienced it so far. On the 13th of November, 1986, I can only express it like this; Its height was sky-high, and the color white, that of the clouds in the sky a cow as huge as this embraced me totally. I, sitting in side the white cow with its body like that of a yogi, round and engulfing me, I asked "Who are you?" It replied "I am the Dalai Lama. I will initiate you into the Tantric Kalachakra." Alas, I didn't know then what that meant. Then I had no knowledge of Tibet nor of the Dalai Lama. But I was enthusiastic about seeing Him with my own eyes. This was a vision which manifested itself late at night while I sat meditating in a hotel at Dharamsala where I had gone with the intention of meeting His Holiness the Dalai Lama. I had then only a vague notion of who His Holiness the Dalai Lama is. Without any knowledge of Tibet and without any particular reason of meeting him, I had come with one, and only one thought of meeting His Holiness the Dalai Lama. While I sat meditating to get rid of all the tiredness and fear of a foreign land. There at that moment came into me in a vision none other than His Holiness the Dalai Lama himself.

Afterwards I stayed in Dharamsala and began studying the scriptures of Tantra, within the vicinity of His Holiness the Dalai Lama, knocking the door into the secrecy of the Tibetan Buddhism. Tibet is the only country where Buddhism is well preserved in its genuine form, the so-called Tantric doctrines. In the old days, when the whole Indian

열반에 들기 직전의 링 린포체와 환생한 링 린포체. 환생한 링 린포체는 현재 세 살이며, 링 린포체는 다람살라에 등신불(等身佛)로 모셔져 있다.

Ling Rinpoche before nirvana and Ling Rinpoche after reincarnation. Ling Rinpoche is three years old and is worshiped in Dharamsala, sacred place as the Human body Buddha.

sub-continent was under the whip of Islamic Moslems, Buddhism faced a crucial persecution, volumes of Buddha's words were taken by Buddhist monks to the Himalayan hinterland. It was there that Buddhism could have been able to survive the hardship.

During my stay in Dharamsala, my mind was always full of a wish that I would look into the essence of the Tibetan Buddhism as it exists as the religion of Tibetan masses, and that I would gaze at the inborn humanity of people, unchanged from the initial moment of nature's creation.

Of the four lamas, coming to Korea from Tibet, Denma Lochoe Rinpoche and Lati Rinpoche are clerics in a high hierarchy of the Tibetan Buddhism, who were ratified by His Holiness the Dalai Lama as reincarnations of former lamas. The other, Karma Gelek Yuthok and Yeshi Tinlay are senior lamas who are in charge of education and culture.

On the occasion of their coming to Korea they are carrying Buddha relics to Korea, this is to be highly appreciated. The relics they bring to Korea have been handed down through generation to generation in Tibet. In Korea, we have already kept some pieces of Buddha's relics in five temples. But the relics to be delivered by these lamas are the ones evidenced by the official paper endorsed by the 14th Dalai Lama himself. The coming of Buddha's relic at this time to Korea, can only be construed as a profound prearrangement fixed from the beginning less time.

I express my sincere hope in time of this auspicious occasion of the official visit by Tibetan lamas to Korea, and publishing the introductory booklet of Tibet, that the links between Korean Buddhism and that of Tibet can become closer and the fraternity between Buddhist followers in Korea and those in Tibet be strengthened.

May this wish, say an unbetrayable come true, I launched with my comrades in the way a Tibet Culture Study Center. It is also my wish that this Center will play a role in instilling the freshness of Tibetan cultures into the minds of the Koreans, concurrently imparting the warm hearts of Koreans and their blessings to Tibetans.

I convey my deepest appreciation to those senior monks of perfect wisdom, who belong to the Chogye Order of the Korean Buddhism, and for their valuable assistance in facilitating my invitation of the four lamas to Korea. Their assistance in publishing my book is also highly appreciated. My gratitude needs to be addressed to the representative of Youlhwadang Publishers, a renowned publishing house, and to Professor Shim Jae-ryong of the Seoul National University, with whom I consulted for translation of the material provided by the Council of Religion and Culture under His Holiness the Dalai Lama. All the photographs and texts used in this book were provided by the good office of the provisional government of Tibet and I kindly extend my gratitude to the Tibetan government.

May peace and freedom be with us forever.

June, 1988.
Moon Jin-hee, Tibet Culture Study Center

트리장 린포체와 환생한 트리장 린포체.
환생한 트리장 린포체는 현재 여섯 살이며,
인도 남부의 티베트인 학교에 다니고 있다.

Trijang Rinpoche and reincarnation Trijang Rinpoche.
Trijang Rinpoche reincarnated is six years old, and at a Tibetan school in South India.

차례

사진으로 보는 티베트의 人間과 文化

Tibet, its People and Culture

티베트 임시정부 제공

티베트로 오는 순례자들의 안녕을 위해 돌에 새겨놓은
진언(眞言) '옴 마니 펫메 훔'.
The mantra OM MANI PADME HUM carved on
a boulder on Hepori.

부다가야에 있는 티베트 사원(寺院).
Tibetan Monastery at Bodh Gaya.

다람살라에 있는 달라이 라마의 사원. 매년 정월에는
이 사원에서 대법회가 열리며, 세계 각국과 라사로부터
많은 순례자들이 승왕 달라이 라마의 법문(法門)을
듣기 위해 모여든다.
Thekchen Choling Temple, Dharamsala.

부처님이 성도(聖道)하신 자리에 세워진 부다가야의 마하보디
대탑(大塔). 탑을 중심으로 수트라(경전)가 씌어진 깃발이 걸려 있다.
Mahabodhi Stupa at Bodh Gaya.

18

부다가야에 있는 아쇼카왕 석주(石柱). 티베트
여인들이 그 주위를 돌며 기원하고 있다.
Ashoka Pillar at Bodh Gaya.

티베트의 라모(국립오페라단 배우).
Tibetan Lhamo(Opera) dancer.

티베트 국립오페라단의 남자 배우.
Tibetan Opera dancers.

불교의식에서 춤추는 여인들. 장신구와 염주로 치장하고 어깨에 전통적인 목도리인 까딱을 두르고 있다. 까딱(Katag)은 티베트의 모든 의식에 쓰이는 흰 명주로, 마음을 깨끗이 한다는 뜻이 깃들여 있다.
Women from dancing.

민속춤을 추는 티베트 북서부 암도의 여인들.
Amdo(Nothwestern Tibet) dancers.

춤추는 여인들.
Women from dancing.

티베트 라사에서 온 순례자.
Tibetan pilgrim.

부다가야에서 승왕 달라이 라마를 알현하기 위해
기다리는 순례자들.
Pilgrims at Bodh Gaya.

티베트 서부 라사에서 온 순례자들.
Pilgrims from Western Tibet.

티베트 서부에서 승왕 달라이 라마의 법문을 듣기
위해 온 순례자들.
Men from Western Tibet.

승왕 달라이 라마의 법문을 들으며 슬퍼하는 티베트
순례자들의 모습.
Tibetan pilgrims.

법륜(法輪)을 돌리며 기도하는 티베트 여인.
Old Tibetan woman with prayer wheel.

티베트 서부에서 온 순례자. 전통의상에 장신구를
걸치고 손에는 까딱을 들고 있다.
Woman from Rungjung(Western Tibet).

승왕 달라이 라마의 법문 도중 차를 나르던 어린
승려가 명상하는 모습.
Young monk.

어린 승려의 기도하는 모습.
Young monk.

어린 승려들.
Young monks.

성수(聖水)를 받고 있는 어린 승려.
Young tulky.

붓글씨를 배우고 있는 어린 승려들.
Young monks learning calligraphy.

경전(經典)을 공부하는 어린 승려들.
Young monks.

경전을 외고 있는 어린 승려.
Young monk memorizing scriptures.

경전을 읽고 있는 승려들.
Monks reading scriptures.

수업중인 어린 라마승들.
Young Lamas studying.

스승을 따라 경문을 염송하는 어린 승려들.
Young monks chanting.

대중들 앞에서 법담(法談)하는 승려들.
Monks debating.

토론하는 어린 승려들.
Young monks debating.

예불(禮佛) 드리는 승려들.
Gelong.

경전을 암송하는 승려들.
Monks reciting.

라사의 몬람제(祭)에서 승왕 달라이 라마를 대신하여
야단법석(野壇法席)을 펴고 있는 상수자(上修子).
Ganden Triper at Monlam Festival.

승왕 달라이 라마께 불상을 올리는 승려.
Monk carrying offering.

라사의 몬람제에서 차를 나르는 승려들.
Tea for monks of Monlam.

부다가야의 법회 도중 간식을 나르는 승려들.
Monks carrying offerings in Bodh Gaya.

칼라차크라 입문식(入門式)을 주재하는 승왕 달라이 라마.
His Holiness the Dalai Lama giving Kalachakra initiation.

칼라차크라 탄트라 의식을 수행중인 승려들.
Monks performing Tantric ritual.

탄트라 의식을 수행중인 라마승들.
Monks performing Tantric ritual.

칼라차크라 입문식중 가면을 쓴 린포체.
Kalachakra initiation.

칼라차크라 만다라를 공양중인 승왕 달라이 라마.
His Holiness the Dalai Lama and Kalachakra Mandala.

탄트라 입문식에 참가한 많은 티베트 라마승들.
Monks receiving tantric initiation.

칼라차크라 만다라.
Kalachakra Mandala.

버터로 만든 불상(佛像). 매년 정월, 승왕 달라이 라마가 주재하는
대법회가 열릴 때마다 각 사원에서는 버터로 불상을 만들어 안치한다.
Butter sculpture.

티베트 불교문화 ― 살아 있는 전통

Tibetan Buddhism ― A Living Tradition

티베트 임시정부 제공

沈在龍 · 文眞姬 옮김

1. 붓다의 생애와 가르침

1. 탄생

붓다가 이 세상에 올 때는 영적(靈的)으로 그리고 지적(知的)으로 심오한 발전이 이루어지던 시기였다. 고타마 싯다르타는 현재 네팔 국경 근처의 룸비니 동산에서 카필라바스투국의 숫도다나 왕과 마야 왕비 사이의 아들로 태어났다. 붓다의 생애에 대해 정확한 연대를 정하는 것은 아주 곤란하여 학자들 사이에 논란이 되어 왔지만, 기원전 544년 경에 태어나서 스물아홉 살의 나이에 집을 떠나 서른다섯 살에 깨달음을 얻고, 기원전 464년 여든 살의 나이로 열반에 들었다고 보는 것이 옳을 듯하다.

2. 위대한 출가(出家)

어려서부터 붓다는 비상할이만큼 사려가 깊었다. 그의 부친이 염려하여 막으려 했지만, 붓다는 인간존재는 감각적 욕망으로 인해 고통을 겪게 된다는 사실을 자각하게 되고 깊이 괴로워하였다. 어느날 궁전을 빠져나와 노인, 병자, 시체를 보고서 그의 번민은 더욱 심해졌으며, 이것이 모든 인간의 피할 수 없는 운명임을 알게 되었다. 마침내 그는, 어느날 머리를 깎고 남루한 황색 가사를 걸친 채 출가의 삶을 살아가는 어떤 성자(聖者)의 거룩한 모습을 보게 되었다. 바로 그날 밤, 고타마 싯다르타는 자신의 왕자로서의 안락한 삶을 버리고, 인간의 고통을 치료할 방법을 찾아낼 것을 결심하고 떠나게 된다.

그는 당시 유명한 스승인 아라라 카라마와 루드라카에게서 공부하였으나, 자신이 추구하는 것에 대한 완벽한 해답은 구할 수 없었다. 그후로 여섯 해 동안을 극심한 육체적 고행 속에서 명상하였다. 그러나 깨달음을 얻을 수는 없었다. 결국 진리는 고행을 통하여 얻어지는 것이 아님을 깨닫고 음식물을 먹기로 마음 먹었다. 같이 수행하던 다섯 도반은 그를 비웃으며 떠나갔다. 수자타가 가져다 준 우유죽 한 그릇을 받고, 목욕을 하고 나서 그것을 마셨다. 온 몸과 마음에 힘이 가득 찼다. 그리고는 보리수 밑에 단정히 앉아서, 깨달음을 얻지 못하면 다시 일어나지 않으리라고 맹세했다. 오월의 어느 보름날 밤, 그는 깨달은 자 즉 붓다(Buddha)가 되었다. 일곱 주 동안 황홀한 명상의 경지 속에 머물러 있으면서, 세간에 나아가 자신이 깨달은 것을 가르칠 것인가를 신중히 생각했다.

3. 교사로서의 일생

자신을 통해 이익을 얻게 될 중생들이 있음을 생각하고, 붓다는 나아가 가르침을 펴기로 결심했다. 사르나트의 녹야원(鹿野苑)에서 옛날의 다섯 도반을 만나 최초의 설법을 하니, 법(法)의 바퀴를 최초로 굴린 것이다.[初轉法輪] 그는 네 가지 성스러운 진리[四聖諦]를 설했다. 즉 고통이 있고 그것에는 원인이 있으니 그것은 바로 이기적 욕망이며, 그리고 고통에는 소멸이 있으며, 거기에 나아가는 길이 있다는 고(苦), 집(集), 멸(滅), 도(道)를 설한 것이다. 다섯 사람은 각각의 수준에 따라 이를 진리로서 받아들였으며, 이들은 최초의 다섯 비구(比丘)가 되었다.

그를 따르는 무리가 급속도로 늘어나자, 붓다는 제자들에게 이르기를, 중생에 대한 자비로운 마음으로 세상에 나아가 가르침을 전하라고 하였다.

붓다 스스로도 북인도를 두루 여행하면서, 신분이나 성별 등의 사회적 구분을 초월하여 널리 교화를 폈다. 그를 따르는 자들 중에는 붓다 자신의 가족을 포함해, 엄청난 부를 소유한 상인, 마가다 왕국의 빔비사라 왕이나 아자타샤트루 왕도 있었으며, 이발사나 청소부 또는 매춘부와 같은 천한 계층의 사람도 있었다.

붓다에 의해 생겨난 비구와 비구니들의 공동체를 상가(Sangha, 僧伽)라 부른다. 교단에 처음 들어온 자는 우선 세속적 삶을 버리고 붓다[佛]·진리[法]·승단[Sangha, 僧]의 세 가지 보물[三寶]에 귀의해야 한다. 나중에 출가하는 의식, 교단의 운영, 복장, 음식물, 의약품, 보름마다의 집회(布薩), 우안거(雨安居), 교단의 조직을 규정하는 계율이 성문화된다. 불교 교단의 설립은 불교가 이 세계에 가져다 준 커다란 선물 중의 하나로, 모든 불교국가에서 영적 공동체의 근간을 이루며, 후에 인도의 나란다 사원과 같이 유명한 학문의 중심지로도 발전한다.

사위성(舍衛城) 근처의 기원정사(祇園精舍)에서 보름 동안 놀라운 기적을 보임으로써 여섯 외도(外道)의 무리들을 제압하고, 몇 년 후 붓다는 왕사성(王舍城) 근처의 영취산(靈鷲山) 꼭대기에서 두번째로 법륜(法輪)을 굴렸다. 수많은 보살(菩薩)과 성문(聲聞)과 천인(天人) 들이 모여 붓다의 설법을 들었다. 이 자리에서 그는 반야경(般若經) 속에 들어 있는 궁극적 가르침을 설했는데, 그 핵심되는 것은 공(空)의 철학이다. 또한 대승불교(大乘佛教)의 일반적인 체계도 설했다. 그리고 어느 곳에서는 금강정경(金剛頂經)과 보적경(寶積經) 등의 대승 경전을 설했다. 반야경은 후에 용수(龍樹)에 의해 전개되는 중관철학(中觀哲學)의 근본이 된다. 후에 붓다는 바이샬리에서 세번째 법륜을 굴리는데, 해심밀경(解深密經)이나 다른 유식철학(唯識哲學)의 기본이 되는 내용들을 설하였다. 이것은 후에 무착(無着)과 세친(世親)에 의해 교리적으로 천착되었다.[1]

영취산에서 반야경을 설함과 동시에 안드라 프라데쉬에 있는 지금의 아마라바티인 다냐카타카에서, 샴발라의 왕인 찬드라바드라에게 칼라차크라 탄트라를 가르쳤다. 마찬가지로 이 세상의 여러 상서로운 장소들, 오디야나 도솔천(兜率天)이나 삼십삼천(三十三天) 등에서 네 가지 종류의 탄트라에 대한 수없이 많은 탄트라들[2]을 설했다. 예를 들면, 우안거 석 달 동안 어머니에게 설법을 하러 삼십삼천에 갔을 때 우쉬니샤시타탑트라 탄트라를 설했다. 포탈라 천에 있을 때는 관세음보살의 여러가지 탄트라들을 설했으며, 아쟈타샤트루 왕이 부친을 살해한 것을 제도하기 위해 비다르나 탄트라를 가르쳤다. 이 세 가지 탄트라들은 크리야 탄트라 계열에 속한다.

釋迦牟尼 Shakyamuni

바즈라다라 Vajradhara

차리야 탄트라 계열 중에서는 바이로차나 아비삼보디와 바즈라파니 아비세카의 탄트라들을 가르쳤다. 요가 탄트라 계열인 마즈라다투-만다라 탄트라는, 붓다가 부다가야에서 완전한 깨달음을 얻었을 때 아카니쉬타 천에서 설하였다.

아누타라 요가 탄트라의 대부분은 칼라차크라 탄트라를 가르치는 동안에 바즈라 바이라바의 탄트라 등과 함께 다냐카타카에서 가르쳤다. 그러나 모든 탄트라의 으뜸이요 왕인 구햐사마자 탄트라는 지금의 파키스탄인 오디야나 지방에서 인드라보디 왕에게 가르친 것이다. 인드라보디는 이 탄트라를 수행함으로써 이 생에서 깨달음이라는 궁극적인 목표를 성취했다 한다.

대부분의 탄트라에서 붓다란 석가모니 부처가 아닌 바즈라다라를 가리키는데, 고귀한 탄트라의 가르침을 내리기 위해 보신(報身)으로 현현한 때문이다. 갖가지 다양한 상황과 제자들에 따라 여러 몸을 가지고 나타난다는 사실은 일반적인 붓다의 전기에서도 등장하는 바이므로, 탄트라 승(乘)에서만 독특한 현상은 아니다.

평생에 걸쳐 오랫동안 정신적으로나 육체적으로 온 힘을 다하고 난 후, 붓다는 마지막으로 쿠시나가라로 왔다. 제자들에게 재차 의문이 있는 사람은 서슴없이 물으라고 한 다음, 누구 하나 질문하는 이가 없자 그는 마지막으로 말씀했다. "모든 현상은 멸한다. 자신의 해탈을 위해 부지런히 정진하라." 그리고 그는 옆으로 누워, 차례로 높은 단계의 선정(禪定)을 거쳐 평화의 상태, 열반에 들었다.

4. 세 번의 결집(結集)

붓다가 열반에 들고 난 후 우안거에, 카샤파가 라자그리하에서 아자타샤트루 왕의 후원 아래 회의를 소집하였다. 이 첫번째 결집(結集)의 목적은 붓다의 말씀을 모아 세 가지 범주로 묶으려는 것이었다. 가장 연장자인 우팔리는 계율과 관련된 가르침을 음송했는데, 이것이 율장(律藏)이다. 아난다는 교리에 관한 내용을 음송하고, 카샤파는 지식에 관한 내용들을 암송했는데, 이것이 경장(經藏)과 논장(論藏)으로 알려진 것이다.[3] 이차 결집은 키르티 장로에 의해 칠백 명의 아라한이 모인 가운데 불멸후(佛滅後) 110년 경 바이샬리에서 아쇼카 왕의 후원 아래 이루어졌다. 그 목적은 바이샬리 출신의 승려를 승단에서 축출하기 위한 것이었는데, 그들은 십사(十事)를 허용하자는 주장을 폈던 이들이다.

붓다 이후 400년경 제삼차 결집이, 만칠천 명의 아라한과 보살들, 학자들이 모인 가운데 푸다르키카와 그 외 여러 아라한에 의해 카니시카 왕의 후원 아래 열렸다. 이 회의의 목적은 네 가지 언어로 설해진 붓다의 근본적 가르침에서 발전되어 나온 십팔부파(十八部派)에 대해 정통성을 보증하려는 것이었다. 이때에 이르러 경·율·론 삼장(三藏)이 문자로 기록되었다.

5. 대승불교의 출현

기원을 전후하여 불교는 그 발전에 있어서 중대한 국면을 맞는데, 대승불교(大乘佛敎)의 출현이 그것이다. 대승불교의 이상은 보살(菩薩)로서, 중생을 향한 자비심에서 그들을 고통에서 해방시켜 해탈로 이끌기 위해 스스로 깨달음을 얻겠다고 서원한 사람이다. 대승불교를 신봉하는 사람들은 대승불교가 소승불교(小乘佛敎)의 가르침을 대신한다기보다는 소승불교를 확대시킨 것으로 본다. 왜냐하면 붓다는 서로 상이한 이해 수준을 가진 자들의 능력에 맞도록, 갖가지 경우에 따라 진리의 여러 측면을 설했기 때문이다.

대승불교의 등장과 더불어 불교는 엄청난 매력을 갖게 되고, 따라서 급속히 전파된다. 두 위대한 스승 용수(龍樹)와 무착(無着)은 대승불교의 아버지로 추앙된다. 붓다가 탄생한 지 천 년이 조금 지난 칠세기 경에 이미 불교는 아시아 대륙을 지나 실론, 버마, 사이암(타일랜드), 캄보디아, 인도네시아, 중국, 한국, 일본, 티베트에까지 전파되는 확고한 문화적 세력을 지니게 되었다.

2. 불교의 교의

종교적 교의(敎義)를 지칭하는 산스크리트어는 다르마[法]인데, 원래 어떤 것의 동일성을 유지한다는 의미이다. 이러한 문자적인 의미는 모든 현상에 적용되는데, 이 말이 종교적인 교의내에 사용될 때에는 중생을 윤회의 고통에 빠지지 않게 하는 주관적 실재를 의미한다. 존재를 고통에서 막아 구한다는 말은 여러가지 해석이 가능한데, 소승불교의 가르침에서는 중생들로 하여금 이 세상에서의 삶의 고통에 빠지지 않게 하는 것을 의미하며, 대승불교에서는 중생이 깨달음으로 나아가는 데 장애가 없도록 하는 것을 의미한다. 탄트라의 가르침에 따르면, 법(法)이란 중생들이 일상적인 현상들에 끄달리지 않도록 하는 것이다. 따라서 법이라는 말은 수트라들과 탄트라들¹ 속에 나타나는 불교 교의 전체를 가리킨다.

불교 교의의 핵심은 다른 사람을 해치지 말라는 윤리적 가르침과 연기(緣起)의 철학적 가르침으로 요약될 수 있다. 다른 사람을 해치지 않는다는 것은, 다른 이에게 해가 될 생각과 말과 행동을 모두 그만둔다는 뜻이다. 열 가지 선한 행위에 대한 가르침과 수행 그리고 이타주의(利他主義)를 설한 더욱 고귀한 가르침 등이 모두 다른 이를 해치지 말라는 기본적 계율 속에 포함된다.

연기(緣起)의 철학은 모든 현상의 궁극적 기원과 본질에 대한 불교적 설명이다. 불교는 세계와 중생의 기원에 대해 독립적인 인격적 창조주를 상정하는 것이 아니라, 그들이 상호의존적으로 일어난다고 한다. 붓다는 이 가르침을 그 제자들의 이해 수준에 따라 그때그때 다른 차원에서 설명하였으니, 이에 따라 후에 열반에 드신 후 여러 철학 학파가 발생하게 되었다. 그가 가르친 진리란, 어떠한 것도 독립적으로 존해하는 것은 없다는 것이다. 모든 사물은 여러 원인과 조건들에 의존하며, 모든것은 주관적인 마음에 달려 있고, 개념적인 가탁(假託)에 의존하고, 모든것에는 독립적인 본질 또는 실체가 없으며, 모든것에는 자성(自性)이 없다는 것이다.

모든 현상에 궁극적 본질, 즉 독립적 실체나 본질이 없다는 것을 무아(無我) 또는 공(空)이라고 부른다. 그러나 일상적으로는 연기(緣起) 또는 의존적으로 존재한다는 본질을 지닌다. 붓다가 사물의 궁극적 본성에 대해 올바로 이해하도록 직접 간접적으로 이끄는 모든 가르침들은 연기에 대한 교의 속에 모두 포함된다. 다른 사람을 해치지 않으려는 태도와 연기에 대한 올바른 이해, 이것이 불교 교의의 정점이다.

우리의 삶과 현세에서의 행위를 잘 살펴보면, 쾌락은 추구하고 고통은 회피하려는 것이, 가장 하등한 동물이나 인간을 막론한 모두의 목적이라는 것을 알게 된다. 인간으로서 태어난 이 귀중한 삶을 가장 잘 활용해 보고자 한다면, 우리는 이 생(生)을 초월하는 고차원적인 목표를 효과적으로 달성할 수 있다. 좀더 차분히 탐구해 보면, 불교 교의가 이러한 목표를 달성하기 위한 합당한 수단임을 알 수 있을 것이다.

다르마, 즉 불교의 교의를 수행하려면 우선 붓다·다르마·승가에 대해 마음속으로부터 귀의해야 한다. 귀의한다는 것은 완전한 깨달음을 얻은 자 붓다를 영적인 지도자요 스승으로 받아들이며, 그의 가르침인 다르마를 깨달음에 이르는 길로 여기고, 불교도의 공동체인 승가를 영적 도반으로서 진심으로 받아들인다는 것이다. 이와같은 신앙을 계발시키는 것이 귀의의 요체이며, 이 기본적인 생각에서 불교도와 비불교도로 구별된다. 많은 불교도들이 붓다와 그의 가르침을 주로 신앙심에서 따르고 있지만, 붓다 자신은 맹목적인 신앙과 존경에서 자신을 따를 것이 아니라, 그 가르침을 명상하고 잘 음미하여야 한다고 강조했다. 따라서 불·법·승 삼보(三寶)는 두 가지 수준, 즉 단지 신앙의 대상으로서 또는 예지적인 이해에서 나온 지고한 귀의처로서도 모두 받아들여질 수 있다. 붓다를 최상의 스승으로 세울 유일한 길은 그의 가르침을 익히고 실천하고 명상하고 음미함으로써, 그 진리성을 확립하는 것이라고 여러 경전에 나타나 있다. 붓다를 위대한 스승이 되게끔 하는 가르침이란, 벌레의 수나 지구의 측량 따위의 열등한 학문에 관한 것이 아니라, 해탈에 이르는 길과 그 결과에 관한 가르침이라고 다르마키르티가 지적했던 바를 주목할 필요가 있다.

彌勒菩薩 Maitreya

阿彌陀佛 Amitabha

　수행의 전 과정을 통해서 불·법·승 삼보의 본질에 대해 올바로 이해하는 것은 중요한 일이다. 완전히 깨달은 자, 붓다는 모든 열등한 성질을 완전히 버리고 완벽한 덕성을 성취했다. 그의 마음은 모든 장애와 그것의 무명(無明)에서 벗어나 있으며, 그는 전지(全知)하다. 다르마[法], 즉 성스러운 가르침은 고통과 번뇌가 소멸한 청정한 상태이며, 이 고통의 소멸로 이르는 길의 체계이다. 승가(僧伽) 즉 영적인 공동체란, 고통의 소멸과 그에 이르는 길에 대해 완전히 또는 조금이라도 깨달은 뛰어난 존재들의 집단이다.

　왜 붓다가 유일한 궁극적인 귀의처인지에는 네 가지 이유가 있다.

　첫째, 붓다는 모든 두려움에서 벗어난다.

　둘째, 그는 현명하여 다른 사람을 두려움에서 벗어나게 할 방법을 알고 있다.

　세째, 그는 모든 존재에 대해 무차별적으로 위대한 자비심을 품고 있다.

　네째, 그는 자신의 이익을 생각하지 않고 모든 존재를 돕는다.

　만일 붓다가 첫번째 특성을 갖지 않았다면 그는 다른 사람을 도울 수 없을 것이며, 두번째 특성을 갖지 않았다면 그들을 도울 방법을 모를 것이다. 그가 세번째 특성을 갖지 않았다면 모든 중생을 돕지는 않을 것이며, 네번째 특성을 갖지 않았다면 자신에게 대가로서 이익을 주는 중생들만 도우려 할 것이다. 그러나 붓다는 자신의 이익을 생각지 않고 다른 이들을 도울 수 있으므로, 그의 가르침과 교단도 또한 귀의의 대상이 될 수 있는 것이다.

1. 업(業)의 법칙

　산스크리트 말로 카르마(Karma)란, 행위 즉 업(業)을 의미한다. 업의 법칙이란 불교의 가르침 중에서 주된 기둥 중 하나로서, 연기라는 불교의 근본적 가르침에서 파생된 것이라고 할 수 있다. 붓다는 인생에서 겪는 고통과 기쁨에 원인 없이 생겨나는 것은 없으며, 또한 인격적 창조주에 의해 생겨나는 것도 아니라고 설했다. 이것들은 모두 존재들 자신의 선한 또는 악한 행위에 의해 발생하는 것이다. 일상생활에서 겪는 사소한 두통에서 지옥의 형벌에 이르는 모든 고통들, 그리고 한 줄기 시원한 바람이 불어올 때 느끼는 휴식에서 천상의 열락에 이르기까지 모든 즐거움들은 우리 자신이 지은 선한 혹은 악한 행위에서 말미암는 것이다.

우리가 행위를 짓는 것은 신체[身]와 말[口]과 마음[意]을 통해서이지만, 이 세 가지 행위[三業]를 짓는 궁극적인 주체는 마음 즉 생각이다. 때문에 생각이 곧 업의 기준이다. 마음에 의해 직접적으로 이루어지는 업을 의도성의 업이라 하고, 신체나 말로써 이루어지는 업을 의도된 업이라고 부른다. 세친(世親)은 아비다르마구사론(論)에서 이렇게 말했다.

"행위에서 세상의 갖가지 것들이 나타나고
행위란 곧, 생각과 그 생각에 의해 행해진 것들을 말한다.

생각이란 마음의 행위이고, 그것에서 출발된 것이
신체와 말로 하는 행위이다."

업의 법칙에는 네 가지 중요한 측면이 있다. 첫째, 어떤 종류의 행위는 어떤 종류의 결과를 낳는다. 둘째, 어떤 행위의 결과는 일단 발생하면 증폭된다. 셋째, 이루어지지 않은 행위는 결과를 발생치 않는다. 네째 한번 행위한 것이 버려지는 법은 없다.

업은 정해진 순서에 따라 작용한다. 어떤 특정한 행위라는 원인과 조건이 다 만족되지 않는다면 특정 결과는 경험될 수 없다. 마찬가지로 일단 우리가 특정 행위를 하고 나면 그 결과를 피하거나 바꿀 수는 없다. 선한 행위는 즐겁고 행복한 결과를 낳고, 악한 행위는 슬픔과 고통을 낳는다. 악한 행위에서 기쁨을 얻는다거나 선한 행위에서 고통을 얻는다거나 하는 일은 없다. 이것이 바로 업의 정확성이 의미하는 바이다.

업의 행위는 그것이 방해받지 않는다면 매우 놀라울 정도로 증폭된다. 조그만 보리수 씨앗은 거대한 나무로 자라 그 그늘 속에 오백 대의 마차가 들어갈 수 있는데, 업은 보리수 씨앗보다 몇 백만 배 더 증폭된다고 한다. 선한 행위는 우리 자신의 강한 정신적 번뇌 때문에 증폭되는 것이 방해받지만, 반면에 우리의 악한 행위는 방해받지 않고 그대로 남는다.

觀世音菩薩 Four-Armed Avalokiteshvara

千手觀音 Thousand-Armed Avalokiteshvara

업의 세번째 특성은 첫번째 특성에서 보아 분명한데, 어떤 행동을 하지 않았다면 아무리 작은 결과도 발생하지 않는다는 것이다. 이 말은 곧 정상적인 조건하에서 어떤 사람이 지은 행위의 결과가 다른 사람에게 옮겨 나타나는 일은 없다는 것을 의미한다. 네번째 업의 일반적 특성은 두번째 특성에서 보아 분명한데, 업의 지속에 관한 것이다. 일단 업이 행해지면 그것이 아무리 사소한 것이라 할지라도 머지않아 결과가 분명히 나타나리라는 것을 함축한다는 것이다. 정상적인 상태하에서 어떤 업을 행했는데, 그것이 결과가 나타나지 않고 소실되어 버리는 경우란 없다. 중생들은 자신이 행한 선한 업의 결과를 모두 누릴 수 없는데, 그가 가지고 있는 번뇌들이 정신적으로 강한 장애물 역할을 하기 때문이다. 대신 악한 행위에 대한 결과는 거의 다 받는데, 특별히 수행을 한다거나 해서 그 업력을 없앨 수단을 얻을 수 없다면 그러하다.

일단 업의 일반적 특성을 알고 나서는 일상생활 속에서 선을 실천하고 악한 행위를 금하라고 강조한다. 수많은 악한 행위들은 경전 속에서 십불선업(十不善業)이라고 지칭되는 열 가지 범주로 나뉜다. 즉 남을 죽이고 도둑질하고 음행을 하는, 우리 몸으로 짓는 것들, 속이고 이간질하고 모함하고 빈말하는, 말로써 짓는 업들, 그리고 탐욕, 성냄, 어리석은 견해의, 마음으로 짓는 업의 열 가지이다. 이들 십불선업은 세 가지 좋지 않은 결과를 낳는다. 예를 들어 남을 죽인 자는 육도윤회(六道輪廻)에서 고통받는 존재 형태로 태어나고, 수명이 짧으며, 계속하여 해악을 입을 것이다. 십불선업을 그만둔다는 것은 십선업을 실천하는 것이다. 십선업도 또한 세 가지 좋은 결과를 낳는데, 예를 들면 다른 생물을 죽이지 않고 구해 준다면 육취(六趣) 중 행복한 존재형태로 태어날 것이며, 오랜 수명을 즐기고 평화와 우정을 누릴 것이다. 간단히 말하면, 악한 행위의 결과는 지옥과 아귀와 축생으로서 받는 고통이며, 좋은 행위를 하면 그 결과로 경전 속에서 고차원의 존재형태로 지칭되는 인간이나 천인(天人)으로서 행복을 누린다는 것이다. 해탈로 가는 길을 수행하려면 일단 그런 고차원적인 세계에서 생을 계속하도록 해야 하는데, 선한 행위를 하지 않고서는 그렇게 될 수가 없다. 따라서 선한 행위를 한다는 것은 고차원적인 삶뿐만 아니라 해탈의 기쁨을 얻는 데 근본이 되며 뿌리가 된다.

2. 해탈

십선업을 행하면 천인이나 인간이라는 고차원적인 형태로 태어나게 된다. 이것은 해탈이나 깨달음이라는 보다 고차원적인 목표를 달성하는 데 중요하지만, 그것 자체가 최종 목표인 것은 아니다. 천인이나 인간으로서의 현세적 즐거움은 순간적인 것이며, 악한 생각에 물들기도 하고 고통도 유발한다. 불교에서는, 지옥에서부터 천인에 이르는 육도윤회의 모든 존재형태가 끝없는 고통의 연속이며, 영원히 지속되는 즐거움은 없다고 가르친다.

현세적 존재의 참된 본질은 이와 같다는 것을 알고, 붓다는 윤회하는 삶에 대한 세속적인 관심을 모두 버리지 않고서는 해탈에의 길을 성취할 수 없다고 했다. 윤회하는 삶의 본질을 완전히 자각함으로써 그것에 대한 모든 관심을 끊어 버리는 가장 좋은 방법이란 깨달음을 얻고자 열망하는 것이다. 그와같은 생각을 낸다는 것은 법을 진실하게 수행해 나가려는 데 있어서 대단히 중요한 것이다.

해탈이란 감정이나 고통의 결박에서 완전히 벗어난 상태라고 정의된다. 해탈로 나아가는 길은, 우선 입문으로서의 출가, 사성제(四聖諦)를 행함으로써 정신적인 고뇌에서 벗어나는 것, 그리고 어떤 슬픔도 없는 상태인 최종의 목표, 열반을 얻는 단계로 이루어진다. 해탈의 상태로 이끄는 이들 가르침은 보통 정도의 사람들에게 맞게 설정된 것이다.

3. 사성제(四聖諦)

사르나트에서의 초전법륜에서 붓다는 그의 다섯 제자에게 네 가지 진리[四聖諦]를 가르쳤다. 이 가르침은 모든 불교 교의의 핵심이며 기본 골격이다. 처음 두 가지 진리는 현세의 삶의 근원, 과정, 결과에 관한 것이며, 나머지 두 가지는 해탈에의 길과 그 결실에 대한 것이다. 사성제란 고(苦), 고의 원인, 고의 소멸, 거기에 이르는 길이라는 고(苦), 집(集), 멸(滅), 도(道)의 진리를 말하는데, 성스럽고 뛰어난 자들에 의해서만 발견되는 진리이기 때문에 네 가지 성스러운 진리라 한다. 사성제를 규정한 후, 붓다는 어떻게 고를 자각할 것인가, 어떻게 고의 원인을 제거할 것인가, 어떻게 고의 소멸을 성취할 것인가, 그리고 그 길로 어떻게 갈 것인가를 설했다.

여기서 고(苦)란 흔히 쓰는 좁은 의미로서가 아니라 광범한 정의로 쓰이는 것이다. 즉 보통 현세에서 느끼는 고통 외에 현세적 쾌락 그리고 현세적 존재의 육체적, 정신적 요소들 모두를 포함한다. 이들 각각은 고의 세 가지 단계, 즉 흔히 말하는 고통인 고고(苦苦)와 세상의 변화를 보고 느끼는 고통인 행고(行苦)와 좋아하는 것이 스러질 때 느끼는 괴고(壞苦)와 연관된다. 최종적으로 괴고에 대해 자각하는데, 우리의 오온(五蘊)이 고통의 근원이며 현세의 고통을 느끼게 하는 매체이며, 미래의 고통의 근원이라는 사실을 아는 것이다. 이렇게 고통에 대해 진심으로 자각하면 자연히 고통을 중단시키려는 강한 의지를 가지고 그것의 원인에 대해 탐구하게 된다.

집제(集諦)를 깨닫는다는 것은 고통의 원인을 올바로 밝혀내고, 그것을 제거하는 것을 말한다. 또한 고통의 원인을 밝혀낸다는 것은 고통의 원인이 없다거나 또는 고통의 원인으로서 어떤 인격적 주체를 상정하거나 하는 잘못된 견해를 물리치는 것이다. 붓다가 가르친 고통의 궁극적 원인은 자신의 행위와 번뇌라는 것을 깨닫는 것이다. 이 두 가지 고통의 원인이 경전 속에서 언급되고 있는데, 행위란 번뇌에 의해 미혹되어 유발되고 형성된 것이므로, 결국에 가서는 번뇌가 고통의 가장 궁극적인 원인이라 할 수 있다. 또한 번뇌란 미혹된 행위를 낳는 것이지만, 그것은 또한 자아와 세계의 궁극적 본질에 대해 그릇된 견해를 가지는 것에서 비롯된다. 그릇된 견해란 모든 고통의 궁극적인 근원으로, 흔히 자아에 대한 무지한 견해를 말한다. 이것은 대상물의 본질을 단순히 모른다는 것이 아니라, 어떤 대상을 그것의 본성과 정반대되는 방식으로 존재하는 것으로 왜곡한다는 의미이다. 그래서 고통의 원인을 최종적으로 제거하기 위해서는 자아와 현상의 궁극적인 본질에 대한 잘못된 견해를 뿌리뽑아야 한다. 이 무지를 제거하는 과정은 후에 도제(道諦)를 설명하면서 다룰 것이다.

자아에 대한 왜곡된 견해가 모든 고통의 근원이라고 규정하고 난 후, 다음에는 이 잘못된 견해가 제거될 수 있는지를 검증해야 한다. 이것은 곧 무자성(無自性)을 깨달음으로써 제거된다는 것을 일단 이해한다면, 무자성을 이해하는 지혜를 점차 계발해 나감으로써 고통의 원인을 제거하여, 나아가 고통의 소멸로 이를 수 있다는 것도 짐작할 수 있을 것이다. 그래서 진정한 고의 소멸은 그와같은 과정을 규정짓고 성취하는 것에 달려 있다.

고통의 소멸이 가능함을 안다면 그것으로 나아가는 길도 규정하고 실천해야 할 것이다. 이 길이란 우선, 환영과 같은 대상이 무지의 근원이라고 규정하고, 올바른 추론과정을 통해 이 대상을 부정해 나가 무자성에 대한 이해를 확고히 하는 것이다. 그리고 사유를 통해 무자성을 깨닫고, 이러한 깨달음을 명상을 통해 더욱 굳건히 하는 단계로 나아가는 것이다. 고통의 소멸로 나아가는 정도는 무자성을 깨닫는 데 비례한다. 이 깨달음이 완전하면 고통도 완전히 소멸하여 열반이 증득(證得)된다. 다시 말해, 이 길을 실천하는 것은 무자성을 이해하는 지혜가 발달하여 그것을 깨닫는 데 다름 아니다.

4. 깨달음의 세 단계

불교에서는 경전을 암송하거나 육체적으로 고행하는 것보다 정신적인 번뇌와 장애를 정화해 나가는 것을 강조하므로, 단계적으로 규정된 것을 학습하고 사유와 명상을 통해 마음을 조직적으로 훈련한다. 교리를 학습하기 위해 뛰어난 스승을 찾아가서 교리를 듣고, 경전과 그것에 대한 논서를 공부하고, 그 의미를 탐구하기 위해 다른 전문가들과 토론하는데, 대화로써 서로 다른 견해를 주장하고 반박을 통해 다른 학파나 또는 불교의 다른 견해에 대해 알게 된다. 이처럼 듣고 공부하는 목적은 경전의 근본적 주제에 대해 개념을 확고히 하기 위한 것이다. 듣고 공부해서 얻어지는 분별적인 지혜를 들음의 지혜[聞智]라 한다.

들음에 의해 교리에 대해서 개념적으로 이해한 후 그 다음으로는 이것을 사유해야 한다. 이 단계에서는 네 가지 상이한 논리적 추론에 따라 깊이 사유함으로써 의미를 스스로 깨우치는 것이 강조된다. 이러한 사유에 의해서 의혹을 제거하고 여러가지 논리적으로 타당한 추론을 통해, 문자로 이해하는 것이 아닌 완전한 의미를 파악하게 된다. 사유의 목적은 공부의 대상을 개념적인 수준에서 확실히 깨달으려는 것이므로, 이렇게 얻어진 분별적 지혜를 사유의 지혜[思智]라 한다.

그러나 실재에 대해 개념적으로 깨닫는 것만으로는 근원적인 무명(無明)과 기타의 번뇌들을 제거할 수 없다. 근원적인 번뇌를 없애려면 개인적으로 체험함을 통해 실재를 직접 깨닫는 것이 필수적이다. 사유의 지혜라는 객관적 깨달음은 명상을 통해 직접적인 깨달음으로 전환되는데, 여기에는 다시 몇 가지 훈련단계가 있다.

먼저 지(止)라고 하는 정신적 고요함의 상태를 얻어야 한다. 지는 가장 깊은 정신집중의 단계이기는 하나 그것만으로는 번뇌를 뿌리뽑을 수 없다. 그래서 지의 상태를 떠나지 않으면서 미묘하게 탐구해 들어가는 명상법을 겸해야 하는데, 이것이 관(觀)이다. 관법에 익숙하고 나면 진리를 직접 깨닫는 데로 발전한다. 번뇌를 제거하는 실질적 과정은 여기서 시작되며, 마지막 목표를 이룰 때까지 계속된다.

이와같이 불교의 가르침을 실제적으로 깨달으려면 들음, 사유 그리고 명상의 수행이 긴요하다. 우선 들음과 사유를 거치지 않고는 보다 높은 명상의 단계에 이를 수 없으며, 또한 내면의 오염을 제거하는 명상의 수행이 없다면 들음과 사유는 영적으로 전혀 무익하다고 경전(經典) 속에서 분명히 설하고 있다.

5. 세 가지 수레[三乘]

붓다의 교설은 성문승(聲聞乘), 독각승(獨覺乘)과 대승(大乘)의 삼승(三乘)으로 나눌 수 있다. 앞의 두 승은 윤회하는 존재에서 개인적으로 해탈하는 길로 소승(小乘)으로 분류되는데, 그 증득한 바와 장애를 극복하는 정도가 불완전하다. 대승은 완전한 깨달음과 모든 장애를 완전히 제거하는 길을 제시한다.

6. 대승의 가르침

대승의 가르침은 다시 바라밀승(Paramitayana)과 탄트라승(Tantrayana)의 둘로 나뉜다. 대승의 일반적인 체계는 우선 깨달음에 대해 이타적인 포부, 즉 보리심(菩提心)을 일으키고 육바라밀(六波羅蜜)을 수행함으로써 커다란 공덕과 지혜를 쌓은 뒤, 마지막으로 전지한 깨달음의 상태를 얻는 것으로 되어 있다.

깨달음을 향한 이타적 마음이란 대승의 핵심되는 정신으로, 다른 중생들을 이롭게 하기 위해 완전한 깨달음을 얻겠다는 서원(誓願)을 말한다. 이러한 보리심을 일으키는 방법에는 크게 두 계통이 있다. 첫째는 미륵(彌勒)과 무착(無着, 395~470)에서 유래한 것으로, 여섯 가지 원인과 한 가지 결과의 방법이라 하는데, 다음 일곱 가지를 사유해야 한다.

1. 모든 존재는 언젠가의 내 어머니였다고 본다, 2. 그 존재들의 은혜를 깊이 생각한다, 3. 은혜에 보답하려는 소원을 키워 나간다, 4. 사랑을 일으킨다, 5. 큰 자비심을 낸다, 6. 그들을 해탈시켜야 한다는 책임감을 갖는다, 7. 위의 사유의 결과로서 보리심을 일으킨다.

두번째는 용수(龍樹, 1세기)와 산티데바(8세기)로 이어지는 계통으로, 자기와 타인을 치환하는 방법이다. 이 방법은 우선 이기주의의 해독과 이타주의의 공덕을 보고, 자신과 남을 평등하게 보며, 남을 자기보다 소중하게 여기고, 자타의 상대적 입장을 바꾸어 보는 자타치환법(自他置換法)으로서, 이것이 보리심을 일으킨다. 그러나 그 방법은 다르나 이 두 가지가 상충하는 것은 아니다. 두 방법의 원리는 사랑과 자비심을 일으키고 중생들에 대한 책임감을 갖는 것이다. 커다란 자비심을 내는 것이 보리심을 일으키는 근본으로, 대승불교의 가르침에서는 보리심을 일으키는 것보다 더 고귀한 태도나 수행은 없다. 그것은 완전한 깨달음이라는 최종 목표에 씨앗이 되며, 그 뿌리이고 핵심이라고 찬양된다.

보리심을 시발로 대승불교의 체계는, 보살의 수행단계를 다섯 가지 길[五道]과 열 가지 단계[十地]로 설정한다. 보살의 초지(初地)는 다섯 길의 세번째인 봄의 길[見道]에서 발생하나, 보리심을 일단 일으키면 보살이 되고, 견도(見道)에서 존재의 공성(空性)을 처음으로 깨달아 성자(聖者)가 된다.

보살이 하는 수많은 수행을 여섯 가지 완성 즉 육바라밀(六波羅蜜)의 수행으로 묶을 수 있는데, 베풂[布施]과 도덕적 행위[持戒], 참아냄[忍辱], 노력[精進], 정신의 집중[禪定], 지혜(智慧)의 여섯 가지를 말한다. 앞의 세 가지 수행은 공덕을 쌓는 것이고, 마지막 두 가지는 지혜를 완성하는 것이며, 정진은 이 모두에 관련된다.

7. 지혜의 완성

지혜 바라밀은 대승불교의 중심되는 수행이다. 이것은 불타가 두번째로 법륜을 굴릴 때 설한 현상의 근원적 본질에 관한 것으로, 무착에 의한 유식학파(唯識學派)와 용수에 유래하는 중관학파(中觀學派)의 두 가지 견해가 있다.

유식학파에서는 현상을 세 가지로 구분하여, 연기하는 현상과 그 근원적 본질은 실재하는 것이고 개념적인 가탁들은 실재하지 않는다고 본다. 또한 현상은 본질적으로 궁극적인 실체인 마음과 분리되지 않는다고 주장한다. 중관학파에서는 마음과 현상의 궁극적 본질을 포함해서 모든 현상은 실재하지 않는다고 한다. 현상의 근원적 본질은 공(空)하며, 이것을 또한 진여(眞如), 무자성(無自性), 진제(眞諦) 등으로 표현한다.

중관학파는 다시 공을 해석하는 방식에 따라 둘로 나뉘는데, 바바비베카[清辯, 2~3세기]가 창시한 자재논증파(自在論證派)와 붓다팔리타(2~3세기)가 창시한 귀류논증파(歸謬論證派)이다. 자재논증파는 공(空)을 해석하기를, 현상에는 진정한 의미의 차원에서는 자성(自性)이 없으나 세속의 차원에서 본다면 있다는 것이고, 귀류논증파는 공하다는 것은 곧 진제(眞諦)의 입장에서나 속제(俗諦)의 입장에서나 모든 현상에는 자성이 없음을 의미한다는 것이다. 이 두 가지 학파의 가장 첨예한 차이점은 대상세계를 인정하는 것이냐 부정하는 것이냐이다. 티베트에서는 귀류논증파의 견해가 붓다와 용수의 견해를 가장 고차원적으로 정확하게 나타내는 것으로 여겼다.

8. 탄트라의 가르침

금강승(金剛乘)은, 원초적인 마음을 깨우치는 데 신속하며 그 기법이 다양하며, 지혜와 방편을 완벽하게 결합하고 있다는 점에서 대승보다 뛰어나다. 금강승은 신격(神格) 요가[5] 또는 인간의 내적 요소를 전환시킨다든가 하는 기법을 특히 중시하여, 완전한 깨달음으로 직접 접근하는 데 뛰어난 장점을 갖는다.

금강승은 외적 수련이나 내적 수련을 강조하는 정도에 따라 네 가지 탄트라 계열로 나뉜다. 크리야 탄트라는 외적 행위에 주로 관계된다. 차리야 탄트라는 외적 행위와 내적인 요가수행을 동등하게 강조한다. 요가 탄트라는 내적 수련을 강조하며, 아누타라 요가 탄트라는 최고 수준의 내적 수련을 강조한다. 탄트라의 체계는 우선 출리(出離)[6]하고, 보리심(菩提心)[7]을 내고, 기본 원리인 공(空)을 이해하는 것이다. 그리고 탄트라 수행에 들어가는 특별한 의식으로서 탄트라의 힘을 스승에게서 전수받는 관정(灌頂)이 있다. 여러가지 요가 행법을 겸하면서 신격 요가를 점차 닦아 나가야 하는데, 이것을 수행함으로써 고차적인 전환 요가를 후에 수행해 나가는 데 필요한 집중력을 기를 수 있다. 그리고 나서 초세간적이고 초월적인 위업을 성취하는데, 그 중 가장 높은 단계가 바로 깨달음이다. 아누타라 요가 탄트라는 관정을 받은 후에 실제 수행에 있어서 두 가지 단계 즉 생기차제(生起次第)와 원만차제(圓滿次第)로 이루어진다. 생기차제는 몇 가지 거칠거나 미세한 단계로 세분된다. 정화하는 수행과, 일상적 육체를 신격의 성스러운 몸으로 전환시키고, 일상적인 말을 만트라[眞言]의 성스러운 말로 바꾸며, 일상적인 마음을 원초적인 깨달음[智性]으로 전환시키는 수행이다. 곧 범부(凡夫)의 오온(五蘊)이 다섯 가지 붓다의 특징으로 바뀌는 것이다.

생기차제를 다 완성하고 나서 원만차제의 수행을 시작한다. 여기서 기본이 되는 수련법은 에너지를 중앙통로로 모아서 머물렀다가 해체시키는 방법이다. 실제 수행은 여섯 단계로 이루어지는데, 몸을 분리시키고 말을 분리시키고 정신을 분리시키고 형상을 만들어내고 맑은 빛[淨光]의 단계, 그리고 하나로 합일하는 것이다. 성불(成佛) 즉 완전한 깨달음이라는 궁극적이고도 가장 뛰어난 목표는 원만차제의 이 여섯 단계를 완성하고 난 뒤에 달성된다. 탄트라 문헌 속에서는 성불을 바즈라다라의 상태라고 일컫는데, 붓다의 전지란 마음에서 나오는 정광(淨光)과 그의 청정한 몸이 완벽하게 합일된 상태라고 규정한다. 이러한 합일은 영원하며, 바뀌지 않고, 파괴될 수 없으며, 부동이고, 속일 수 없고, 전지전능하고, 모든 곳에 현현하며, 모든 시간과 공간을 저절로 선한 공덕으로 가득 채운다고 한다.

9. 승(乘)과 학파와의 차이

특히 서양의 언어로 번역된 글만을 읽어온 사람들은 불교에서 승(乘)이라는 것과 불교의 학파를 잘 구분해야 할 것이다. 이들 전통적인 용어들의 의미는 복잡하게 서로서로 겹쳐 사용되고 있기 때문이다.

성문승(聲聞乘)과 독각승(獨覺乘)은 소승(小乘)으로 분류된다. 이같은 분류에 따르면, 붓다의 가르침은 두 가지 주된 승(乘), 즉 소승과 대승 혹은 보살승으로 나눌 수 있다. 두 가지 승으로 나누는 근본적 차이는 종교적인 열정의 본질에 관한 것이다. 소승을 따르는 무리들은 윤회로부터 벗어나기 위해 수행하지만, 대승을 따르는 자들은 다른 중생을 해탈시키기 위해 성불하려 한다.

불교를 교의에 따라 네 가지 학파로 나누는데, 즉 바이브하시카[毘婆娑師], 경량부(經量部), 유식학파(唯識學派) 그리고 중관학파(中觀學派)인데, 이들 학파는 철학적 견해의 차이에 근거한다. 앞의 두 학파는 모든 현상에 실체를 인정한다. 유식학파는 어떤 현상[8]은 실제로 존재한다고 하고, 중관학파는 모든 현상에는 실체[自性]가 없다고 주장한다. 앞의 두 학파는 소승의 학파이며, 뒤의 두 학파는 대승학파로 지칭된다. 어떤 한 개인이 교의적으로는 소승에 속하나, 그가 깨달음으로 나가고자 하는 동기에 따라 대승의 수행자가 될 수도 있다. 보살이면서도 바이브하시카 학파의 견해를 가질 수도 있는 것이다. 마찬가지로 어떤 사람이 교의적으로는 대승을 따르지만, 그가 단지 자신의 해탈만을 추구한다면 그는 실제로는 소승을 따르는 것이다. 따라서 대승불교의 학파에 속하는 사람이라도 대승불교 수행자가 아닐 수 있고, 소승불교 학파에 속하는 자도 소승불교 수행자가 아닐 수 있다.

그러한 구별을 잘 이해해야 불교 전통에 대해 올바로 이해하고, 또 그 전통들끼리 서로를 존중할 수 있기 때문에 중요한 일이다. 어떤 학자들은 티베트 불교가 소승에 속하는 상좌부(上座部)를 언급한다고 비판하는 경우가 있는데, 그렇게 말하는 것은 경멸하는 태도로서 다른 사람에 대한 이해를 결여하는 잘못을 범하는 것이다. 상좌부는 비파사사(毘婆娑師)의 작은 분파로서 그 교의에 있어서 소승에 속하지만, 그렇다고 해서 그들이 소승의 수행법과 정신을 지니고 있는 것은 아니다. 앞에서도 말했지만, 어떤 상좌부 학자들은 수행에 있어서 충분히 보살이 될 수도 있으며, 마찬가지로 어떤 티베트 불교도들이 대승의 견해를 취한다 해도 그들의 수행동기가 무엇이냐에 따라 그들 중에는 소승 수행자들도 있을 것이다. 실제로 많은 이들이 불교 수행자도 아닐지 모른다. 우리는 어떤 불교 교의를 놓고 그것이 다른 것보다 우월하다든가 또는 열등하다고 구별할 수 없다. 붓다는 자신의 가르침을 제자들의 근기(根機)와 경향성(傾向性)에 맞춰서 여러가지로 설했으며, 그 가르침 모두는 성불이라는 궁극적인 목표로 이끄는 데는 동일하기 때문이다.

3. 불교의 도입

1. 티베트의 기원

티베트 문명이 탄생하고 티베트 국가가 최초로 세워진 곳은 티베트 중부의 야룽 골짜기이다. 전하는 말에 따르면, 관세음보살(觀世音菩薩)이 화신(化身)으로 나타난 원숭이 집단에서 티베트 민족이 나타났다고 한다. 그래서 관세음보살은 티베트의 수호신이다. 인구가 늘어감에 따라 티베트인은 지도자가 필요하다고 생각하게 되었다. 루파티라는 인도의 왕이 마하바라타 전쟁에서 패배하자 티베트로 도망해 왔다. 야룽 골짜기에서 가축을 먹이며 살던 티베트인들을 만났다. 그들의 요구가 무엇인지도 모르고 루파티는 하늘을 가리켰다. 티베트인들은 루파티가 자신이 하늘에서 내려온 자라고 하는 줄 알고 그를 왕으로 삼기로 결정했다. 그를 가마에 앉힌 후 어깨에 태우고 마을로 돌아와서는 니예트리 첸포, 즉 '목 위에서 즉위한 왕'이라고 불렀다.

불교와 처음 접촉했던 왕은 173년경에 살았던 티베트 제 이십팔대 라토토리 니엔첸이었다. 전설에 의하면, 그는 네팔인 불교학자로부터 불교 경전 한 권을 받았다고 한다. 그러나 그로부터 이세기가 지나서 위대한 송첸 감포 왕에 의해 적극적으로 후원되기까지 불교는 거의 인정받지 못했다. 송첸 감포 왕은 불교를 지원했을 뿐 아니라 티베트 왕국을 통합했으며, 네팔과 북인도 지방까지 그 영토를 확장하였다.

옛날부터 티베트인들은 히말라야에 덮인 자신의 나라를 독특한 문화의 주체이며 독립적인 국가로 여겨 왔다. 칠세기경 송첸 감포 왕의 통치하에서는 본(Bon)이라고 하는 종교가 있었는데, 불교가 도입되기 이전까지 티베트인들의 세계관을 형성하고 있었다. 그후 새로운 종교가 인도로부터 들어옴에 따라, 다소 침체되기는 했으나 본의 전통은 그들의 사원(寺院)내에서 보존되고 발전되었다. 현재까지도 이들은 철학과 점성술, 시(詩), 그외 여러 영역에서 티베트 문화에 계속 영향을 주고 있다.

2. 주변 국가들과의 관계

티베트 왕의 확고한 후원을 받고 새로이 등장한 강력한 국가로 다른 문화나 나라들과 접하게 됨에 따라, 불교의 전파는 촉진되었다. 송첸 감포 왕 하에서 티베트는 위대한 아시아의 세력국으로서 새로이 정비되고, 중국과 그외 주변국가로 그 세력을 확장해 나가기 시작했다. 티베트 군대는 네팔을 정복하고 북인도까지 나갔으며, 인접 국가인 중국과도 싸움이 그칠 날이 없었다.

송첸 감포 왕은 649년 내지 650년에 죽었는데, 그 이후에도 주변 영토에 대한 정복 속도는 늦춰지지 않았다. 투르케스탄에 대상(隊商)들이 지나다니는 길을 따라 형성되었던 문화 상업의 중심지들이 중국의 지배에서 벗어나 티베트의 지배하에 들어왔다. 티송 데첸 왕은 755년에 즉위했는데, 그는 군사적 활동을 개시하였다. 중국이 군사적으로 약한 틈을 타서 티베트는 763년 중국의 수도 장안(長安)을 침략하여 새로운 황제를 즉위시켰다. 티송 데첸 왕의 뒤를 이은 티 랄파첸 왕은 중국과 평화조약을 맺었으며,(821~822) 그 조약문이 라사에 있는 기둥에 새겨져 있다.

송첸 감포, 티송 데첸, 티 랄파첸, 이들 세 왕은 열렬한 불교 신자로서 숭불정책을 폈다. 티베트인들은 그들을 종교적인 왕으로서 경건하게 여기게 되었다.

티베트는 이 시기에 멀고 가까운 주변국들과 적극적이고도 역동적으로 계속 접촉해 왔으며, 광범한 문화적 영향을 받아들였다. 상숭 왕국이 티베트 왕국에 병합됨에 따라 이란 문물의 영향을 강하게 받았다. 인도의 문화와 상업적 개념이 수트레즈 강 연안을 따라 티베트로 들어왔다. 네팔의 예술과 건축양식도 티베트에 영향을 미쳤으며, 동서 투르케스탄이나 중국과도 상업관계를 맺었다. 티베트는 이전에는 비교적 문화수준이 낮았지만, 이제는 문화적 상업적 수준에 있어서 다른 나라와 비슷한 정도에까지 이르게 되었다. 이 시기에 불교는 티베트인들의 삶과 마음 속에 깊이 뿌리내렸다.

3. 송첸 감포 왕과 토미 삼보타

송첸 감포 왕은 티베트 왕국을 통합하고 확장시켰을 뿐 아니라, 불교를 열렬히 후원하여 위업을 이루었다. 지금까지도 티베트인들은 그를 자비를 상징하는 보살이며 티베트를 수호하는 첸레지(관세음보살)의 화신으로 여긴다. 그는 많은 티베트인 왕비들 외에, 중국의 문성공주(文成公主)와 네팔의 브리쿠티 데비 공주와 결혼했는데, 그들은 모두 불교도였다. 공주들은 시집올 때 불상을 가져 왔는데, 불상을 모시기 위해서 수도 라사에 라모체 사원과 조캉 사원이 세워졌다.

송첸 감포 왕은 일군의 학식있는 젊은이들을 인도에 보내 언어를 습득하도록 했는데, 이들 중에서 토미 삼보타만이 살아 남았다. 캐시미르에서 몇 년간 수학한 끝에 그는 산스크리트어[梵語]를 완전히 익혔으며, 그리고는 티베트로 돌아와 티베트의 문자와 문법을 고안하는 작업을 착수했다.

티베트에 문자가 발명되고 그에 잇달아 전지역으로 보급됨으로써 문화적인 전망에 있어서 변화가 야기되었다. 인근 국가에서 전해진 문화적, 지적 영향을 정리하여 이제는 티베트 언어로 고착시킬 수 있었다. 이전까지는 말로 흘러가 버렸던 티베트의 역사도 글로써 정확히 기록할 수 있었다. 그러나 가장 중요한 점은 문자가 도입됨으로써 불교가 티베트에 전파되는 데 촉진제가 되었다는 점이다. 번역의 도구가 제공되었기 때문에, 티베트인들은 불교의 광범한 문헌들을 접할 수 있었다.

송첸 감포 왕의 조금 후대인 멕 악촘 왕의 통치 아래에서도 중국인 왕비의 영향을 받아 불교는 계속 발전할 수 있었다. 한 무리의 불교 승려들이 동투르케스탄에서 회교도의 탄압을 피해 도망오자 그들에게 은신처를 제공해 주었는데, 그들의 등장이 티베트의 불교 전파를 더욱 촉진시켰다. 그는 또한 네 명의 티베트인을 중국에 보내 불경(佛經)을 구해 오게 했는데, 그들이 귀국하기 이전에 왕은 죽고 말았다.

4. 티송 데첸 왕과 대토론회

티송 데첸 왕(755~797)은 가장 위대한 티베트의 군주로, 그의 통치기간중 불교는 티베트인들의 삶 속에 깊이 스며들었다. 그러나 이러한 과정이 아무런 저항도 없이 이루어졌던 것은 아니다. 귀족들은 이 새로운 철학이 자신들의 세력이나 이익을 잠식하리라 생각하고 강경하게 반대했다. 그리하여 두 가지 세력으로 나뉘었는데, 한쪽은 왕실로서

송첸 감포 Songtsen Gampo

티송 데첸 Trisong Detsen

불교의 옹호자들이었으며, 그에 대립하는 자들은 티베트의 힘있는 귀족들과 본교(Bon 敎)의 잔존세력이었다. 티송 데첸 왕은 네팔과 인접한 남인도 지방의 통치자로서 바살남이라는 불교도를 임명했다. 바살남은 거기서 인도의 불교도들과 접촉하였으며, 따라서 유명한 인도 학자 샨타락시타가 티베트로 초청되었고, 곧 이어 그의 추천으로 오디야나의 유명한 탄트라의 대가 파드마삼바바가 티베트를 방문하게 되었다. 파드마삼바바는 티베트에 불교가 정착되는 것을 반대하는 세력과 사악한 정령들을 주술로써 복종시켰다. 또 그는 샨타락시타와 함께 티베트 최초의 사원인 삼예 사원을 건립했다. 마침내 767년 최초로 일곱 명의 티베트인 승려들이 나온다.

티송 데첸 왕 시대에 인도 불교도와 중국 불교도 사이에 교의의 차이를 놓고 유명한 논변이 벌어졌다. 중국의 대승화상(大乘和尙)을 비롯한 중국 불교도들은, 성불이란 정신적으로 육체적으로 부동한 상태에서 한꺼번에 성취되는 깨달음이라고 하고, 반면에 샨타락시타의 제자인 카마라실라로 대표되는 인도의 학자들은, 성불하기 위해서는 개인의 지혜를 완성시키고 도덕적 자질을 계발하는 점진적인 수행을 해야 한다고 주장했다. 이 년에 걸친 토론 끝에 티송 데첸 왕은 스스로 인도측의 견해를 택했다. 중국인들은 티베트에서 축출되고 그후로 티베트에서는 용수(龍樹)의 중관학파가 공인된 불교 형태로서 수행되었다.

5. 불교 문헌의 번역

티 랄파첸 왕 대에 이르러 많은 불교 전적들이 티베트어로 번역되었다. 번역의 언어를 통일하기 위해 역경기구(譯經機構)가 설립되었고, 그의 재위기간(817~836) 중에 이 사업이 완성되었다. 지나미트라, 수렌드라보디, 쉴렌드라보디, 단쉴라, 보디미트라 등의 인도인들과, 카와 펠첵과 초고 뤼 걜첸 등의 티베트 역경승들이 이 번역기구의 구성원이었다. 그들은 용어 일람표를 만들어 불교의 전문용어를 권위있게 통일시키고, 이미 번역된 문헌들도 표준화했다.

6. 암흑시대 – 왕국의 분열

티 랄파첸 왕은 학문적으로 놀라운 업적을 쌓았지만, 불행하게도 그의 정치는 비극적인 종말을 맞는다. 송첸 감포 왕과 티송 데첸 왕은 불교라는 고도의 수준의 새로운 교의를 실용적으로 조화시키는 유화적인 태도로써 전파시켰는 데 반해, 티 랄파첸 왕은 상류계급에서 천민에 이르는 모든 백성들에게 불교계율을 따르라는 엄명을 내렸다. 이것이 강한 반발을 불러일으켰고, 결국 랄파첸 왕은 고립되어 암살되었다. 반대파들은 곧 랄파첸 왕의 형인 랑 다르마를 새 군주로 추대했다.

랑 다르마 왕의 치세 동안 티베트 불교는 시련을 겪었으며, 왕국은 분열되었다. 무력한 랑 다르마 왕은 곧 반불교도들인 본교 귀족들의 꼭둑각시가 되었다. 그들은 광포무도하게 불교 사원들을 폐허로 만들고, 불교 경전을 불살랐다. 외국인 승려들은 티베트에서 쫓겨났으며, 티베트인 승려들은 평민으로 환속되었다. 불교는 전국적으로 철저하게 억압받았고 본교가 다시 등장하였다.

티베트의 정치적 운명도 마찬가지였다. 펠키 도르제라는 한 불교도가 랑 다르마 왕을 살해하고 난 후, 그의 후인(後人)들끼리 서로 오랫동안 분쟁하다가 결국 티베트를 분할해 가졌다. 티베트의 영향 아래 있던 외국의 영토들도 전부 떨어져 나가고, 연이어 작은 나라들이 생겨나 독립을 주장했다. 거대한 티베트 왕국은 이제 봉건 통치의 혼돈 속으로 빠져들었다. 그러나 동시에 본교도 정치적인 영향력을 상실하게 되었으니, 이로 인해 불교는 다시 티베트로 도입될 수 있었다.

4. 불교의 중흥

1. 동부와 북동부 티베트의 교의

티베트 역사에는 티베트 불교를 구한 영적인 지도자들의 빛나는 모습이 등장하고 있다. 요 게융, 마르 샤카무니와 창 랍셀의 세 승려가 암자에서 명상을 하고 있는데, 랑 다르마 왕이 불교를 박해한다는 소식을 들었다. 그들은 곧 몸을 피해 서부 티베트쪽으로 가서 동투르케스탄에 이르러 마추강 근처의 황하 상류 암도(Amdo)에 있는 티베트인 거주지에 정착했다. 티베트의 정치적 영향력이 이미 쇠퇴했기 때문에 중앙정부가 거기까지는 지배하지 못하고 있었다. 한참 망설인 끝에 출가의식을 치르기에 필요한 승려의 정족수를 채우지 못하는 어려움 속에서 그들은 한 영리한 젊은이를 출가시켰는데, 그가 후에 중앙 티베트 전역에 불교를 전파할 계기를 만든 공파 랍셀이다. 그들의 도움을 받아 공파 랍셀은 다시 불교의 가르침을 보존하기 위해 그들끼리 모임을 만들었던 열 명의 젊은이들을 출가시켰다. 그들 중에 가장 뛰어난 이는 락파 담파 루메 출트림으로, 그는 다섯 도반과 함께 중앙 티베트로 돌아왔다. 삼예는 불교의 박해가 약한 덜했으므로 루메와 그의 도반들은 그곳을 중심지로 삼아 불교의 교의를 홍보하기 시작했다. 이들은 사원 전통을 재확립하여 사원과 암자들을 지었다.

2. 예쉬 오드와 서부 티베트

공파 랍셀과 루메의 활약은 서부 티베트로부터 지원을 받았다. 그곳은 그때, 예전의 티베트 왕들의 혈통을 이은 첸포 코르가 다스리고 있었다. 그의 두 아들이 불승이 되자 왕도 왕위를 동생에게 양위하고 라 라마 예쉬 오드라는 법명으로 출가하였다.

예쉬 오드는 나라에서 스물한 명의 젊은이를 뽑아 세 그룹으로 나누어 캐시미르 지방으로 보냈는데, 거기서 불교의 여러 학파에 속하는 뛰어난 스승들과 도인(道人)들을 찾을 수 있었다. 예쉬 오드는 붓다의 가르침을 추구하려 애쓰던 중, 마가다국에 있던 비크라마쉴라 불교 강원(佛教講院)의 빛나는 존재였던 아티샤에 관해 소문을 듣고, 그 유명한 학자를 초청해 오기로 결심했다. 그리고는 그를 초청할 비용을 감당하기 의해 금을 구하러 이웃 투르케스탄으로 원정을 갔다가 거기서 패배하고 생포되었다. 그의 조카의 아들인 장춥 오드가 그를 대신하여 애원했음에도 불구하고, 그를 사로잡은 이들은 그의 몸무게만큼 나가는 금덩이를 가져오지 않으면 풀어줄 수 없다고 거절하였다. 감옥에서 예쉬 오드는 조카에게 자신이 아티샤를 모셔오기 위해 모아두었던 금을 써서 그를 모셔 오라고 재촉했다. 마침내 그 초청은 성공했다. 그러나 예쉬 오드는 자신의 목숨을 바쳐서 불교의 한 계기가 되었음을 기뻐하며 감옥에서 죽었다.

3. 린첸 상포와 아티샤

예쉬 오드가 캐시미르로 보냈던 스물한 명의 젊은이 중 린첸 상포와 렉파이 쉐랍만이 무사히 티베트로 돌아왔다. 린첸 상포는 인도에서 여러 위대한 학자 밑에서 공부하고 불교철학을 마스터했다. 그는 또한 칼라차크라를 비롯한 갖가지 탄트라들도 배웠는데, 그의 노력으로 많은 인도 학자들이 또다시 티베트를 방문하게 되었다. 그들과 협력하여 린첸 상포는 많은 불교 전적을 티베트어로 번역하고, 티송 데첸 왕 때 이루어진 옛날 번역들을 다시 개정하였다.

린첸 상포는 또한 전 서부 티베트와 라닥, 라훌, 스피티 등에 사원을 설립하도록 권유하였다. 이들 중 특히 라훌과 스피티에 있는 사원들에는 오늘날까지도 린첸 상포의 깊은 영향력이 남아 있다. 티베트 불교가 되살아나는 힘든 투쟁과정에서 아티샤는 영웅적인 모습을 보여주었다. 아티샤—혹은 티베트인들은 그를 조보 제(Jowo Je)라고 부르는데—는 벵갈에서 태어나 1054년 중앙 티베트의 네탕에서 죽었다. 그는 왕자의 아들이었으나 종교적 생활에 일생을

칼라차크라 Kalachakra   아티샤 Atisha

바쳤다. 샨티파와 나로파 등의 위대한 스승에게서 폭넓게 공부한 후 다르마락시타와 함께 보리심을 얻으러 수마트라로 모험을 떠난 적도 있었다. 그의 박학함이 명성을 떨쳤고, 마침내 그는 비크라마쉴라 강원에서 독보적인 위치를 차지하게 되었다. 거기서 그는 티베트로부터 초청을 받았으며, 웃사람들의 만류에도 불구하고 그것을 받아들였다. 1042년 그는 서부 티베트에 도착했다.

아티샤는 톨링 사원에서 린첸 상포를 처음 만났다. 이 유명한 티베트의 역경승은 이때 여든다섯 살이었으므로 아티샤를 만난 자리에서 그에게 절을 하지 않았다. 그러나 아티샤가 설법하는 것을 듣고 나서는, 린첸 상포는 깊이 감명을 받고 아티샤에게 자신을 가르쳐 줄 것을 요청했다. 그들은 함께 많은 불교 문헌을 티베트어로 번역했다.

아티샤는 불교를 위해 정열적으로 일했는데, 허용할 수 없는 수행법을 티베트 불교내에서 정화하고, 종교적인 훈련과 철학을 조화하여 수행하도록 하였다. 그는 「깨달음으로 가는 길을 비추는 등불[菩提道燈論]」이라는 논서를 써서 깨달음으로 가는 길을 시설하였는데, 현재에 이르기까지도 계속적으로 깊은 영적 자극을 주는 책이다.

푸랑에서 아티샤가 가르쳤던 티베트인들 가운데 걀와이 중네 혹은 라마 드롬 통파라 불리는 스님이 있었는데, 그는 후에 아티샤의 전승을 통합하고 그 가르침을 영속시키기 위해 카담파를 성립시켰다. 그리고 그는 중앙 티베트의 중심지인 야룽, 삼예, 예르파 그리고 라사 등을 방문했다.

아티샤는 자신의 전승을 걀와이 중네에게 넘겨주고, 일흔셋의 나이로 라사 근처 키츄강의 둑 위 네탕에서 세상을 떠났다.

4. 위대한 역경승들

불교를 티베트에 확립시키는 데 기여한 불교 역경승들의 역할을 과소평가할 수는 없다. 놀라운 인내와 헌신으로써 이들 학자들은 인도의 불교 문화를 이해하고 그것을 눈덮인 나라 티베트에 전하는 데 성공했다. 이들 소수 무리들의 노력이 티베트인들의 정신적 사고영역을 전체적으로 확장시켰으며, 실질적으로 물리적 환경 전체를 변모시켰다. 칠세기에서 십삼세기 사이에 백쉰세 명이 인도에 다녀왔는데, 이들 중 가장 유명한 이로는 토미 삼보타, 바이로차나, 라룽 도르제 펠, 린첸 상포와 밀라레파의 스승인 마르파 등을 꼽을 수 있다.

5. 주요한 네 학파

린첸 상포와 아티샤가 활약하던 시기에는 개인들이 모이거나 사원들이 모이는, 특별한 학파나 전승은 없었다. 이러한 개방성은 일차적으로는 인도 불교와 계속적으로 접촉해 온 데서 기인하는데, 그러나 십이세기 회교도가 인도로 침입한 이후에 이러한 상호 개방적인 소통이 단절되었다. 서서히 티베트 불교는 여러 상이한 학파들로 나뉘게 되었다. 이러한 다양한 분파로 인해 티베트 불교는 보다 풍요롭게 되었다. 여러 학파들 중, 특히 네 학파가 티베트 문화의 발전에 영향을 끼쳤다는 점에서 두드러진다.

1. 닝마 파 (Nyingma 派)

닝마 파는 티베트 불교에서 가장 오래된 학파로서, 그 연원은 티베트에서 불교가 재흥되고 티베트 왕국이 번성하던 시절로 거슬러 올라간다.

닝마 파 전통의 중심 인물은 파드마삼바바이다. 전하는 바에 의하면, 그는 오디야나 북인도 지방에서 기적을 보이면서 태어났다고 한다. 그는 불교국 인도를 널리 여행하면서 여러 인도인 대가들에게서 배우고 수행하였다. 그가 탄트라의 명인으로 명성을 떨치자, 이에 티송 데첸 왕이 그를 티베트로 초청해 불교를 전파하는 데 장애가 되는 것들을 탄트라로써 복속시키도록 했다.

그는 티베트와 인접 지역들을 유랑하면서 많은 비의(秘儀)를 여러 곳에다 숨겨 두었다. 이들 보물(터마스라고 함)들은 후에 특정한 시기, 특정한 인물에 의해 발견되었다. 이들 인물 중 가장 뛰어난 이가 오겐 링파(1379년에 사망)인데, 그도 역시 파드마삼바바의 문서를 발견했다고 한다. 이 문서에 따르면, 파드마삼바바는 백팔보장(百八寶藏)과 백스물다섯 가지 주요 탄트라의 만다라와 다섯 가지 귀중한 정수와 가장 비밀한 교의를 티베트와 중국의 카이라쉬 산 사이에 숨겼다고 전한다.

이들 숨겨진 보물을 발견한 것에 자극받아 영적 전통이 되살아나고, 옛날 왕들이 통치하던 시대부터의 전승이 이어져, 후에 닝마 파의 가르침이 성문화되기에 이르렀다. 닝마 파의 귀중한 가르침들은 십이세기 이후 발견되어 후에 육십일 권으로 편집되었다. 여기에 덧붙일 중요한 전승이 있는데, 그것은 파드마삼바바의 인도인 동료 중 한 사람인 비말라미트라에 의해 전해진 것이다. 그는 닝마 파에서 가장 기본이 되는 가르침인 최원만(最圓滿, Dzogchen)의 가르침을 티베트인 학자 냥 팅게진에게 전했고, 그는 이것을 숨겨 두었다. 닝티라고 불리는 이들 가르침은 후에 발견되었는데, 그 한참 뒤인 십사 세기에 닝마 파의 뛰어난 스승이었던 롱첸파에 의해 설명되었다.

닝마 파는 붓다의 가르침을 아홉 가지 수레[九乘]로 나눈다. 처음 세 가지는 화신불(化身佛)에 속하는 것으로 붓다가 설하신 것이다. 곧, 부처의 가르침을 듣고 아라한이 된 성문들의 승[聲聞乘], 스스로 교법을 깨달았으나 세상에 그것을 가르칠 정도는 못 되는 이들인 독각들의 승[獨覺乘], 그리고 반야바라밀의 가르침을 따르는 보살들의 승[菩薩乘]이다. 그 다음 세 가지는 보신불(報身佛)에 속하는 것으로 크리야 탄트라, 차리야 탄트라, 요가 탄트라로서, 낮은 단계의 외적 탄트라의 교의를 포함하는 것이다. 마지막으로 가장 높은 승은 법신불(法身佛)에 속하는 가르침으로 아누타라 요가 탄트라와 마하 요가와 아누, 아티 요가이다. 이 마지막 세 승은 족첸과 동일한 것이다.

중부 티베트의 도르제 드락 사원, 민도링 사원 외에, 주요한 닝마 파 사원으로는 카톡 펠율, 족첸, 체둔 사원이 동부 티베트의 캄에 있다.

2. 카규 파(Kagyu 派)

티베트 불교에서 카규 파의 창시자는 위대한 역경승이었던 마르파(1012~1098)이다. 그는 남인토의 로닥 지방에서 태어났다. 역경승인 독미로부터 산스크리트어를 배우고 난 후, 불교의 가르침을 완성하겠다는 열정으로 자신의 모든 소유물을 팔아서 인도로 떠났다. 거기서 그 당시 가장 유명한 금강승(金剛乘)[9] 스승들 중 하나인 나로파를 만났다. 그는 유명한 나란다 사원 근처에 살고 있었다. 그는 마르파를 반가이 맞아들이면서 그에게 나로파의 여섯 가지 요가를 포함한 여러가지 심오한 가르침을 전수해 주었다.

마르파는 한 번 인도에 왔던 것에 만족하지 않고 두 번이나 다시 와서 보다 깊은 영적 가르침을 얻고 티베트로 탄트라 문헌들을 가져갔다. 마르파의 가장 유명한 제자가 밀라레파로, 그의 일생의 이야기는 티베트 문헌에서 고전으로 되고 있다.

밀라레파(1040~1123)는 네팔 국경 근처의 궁탕지방에서 태어났다. 그의 아버지가 죽자 식구들은 모두 극심한 가난에 휩싸였는데, 그의 삼촌은 마지막 남은 재산마저 가로채 버렸다. 복수를 하기 위해 밀라레파는 마술을 배워서 자신의 가족들에게 피해를 준 자들의 목숨을 빼앗았다. 그러나 그는 곧 후회하고 비탄에 빠졌으며, 깨달음을 얻어야겠다고 생각하고 마르파에게 갔다. 마르파는 밀라레파가 지은 악한 행위를 정화시키기 위해 그에게 심한 일만 시켰지만, 결국 자신이 나로파에게서 전수받은 가르침을 그에게 전해 주었다. 밀라레파는 그의 생애에서 실제적으로 깨달음을 성취하였으며, 마르파의 가장 중요한 제자로 명성을 얻었다.

카규 파의 영적 계보는 아디붓다 바즈라다라에서 시작하는데, 그는 틸로파에게 탄트라의 가르침을 전수해 주었고, 틸로파는 나로파에게 전수했으며, 나로파는 마르파에게, 그리고 마르파는 밀라레파에게 법을 전수했다. 밀라레파에게는 여덟 명의 정신적인 아들과 그 밖에 열세 명의 제자들이 있었는데, 그 중 감포파(1079~1153)와 레충(1084~1161)이 가장 널리 알려졌다. 감포파 밑에는 많은 학파들이 생겨났다.

3. 사캬 파(Sakya 派)

사캬 파라는 명칭은 중앙 티베트 창 지방에 콘 콘촉 갈포가 설립한 사캬 사원에서 유래한다. 사캬 파의 중심 가르침

파드마삼바바 Padmasambhava

밀라레파 Milarepa

은 깨달음으로 나아가는 길과 그 결실에 관한 것인데, 이것은 인도에서 공부한 번역승인 독미(Drogmi)의 전통에서 파생된 것이다. 지혜의 보살인 문수보살(文殊菩薩)은 이 학파에서 가장 중요하게 여기는 존재로, 사캬 파 계보에서 일곱 번 그의 화신이 나타났다.

사캬 파는 세속적인 힘과 영적인 힘을 결합한 최초의 학파이다. 특히 쿵갸 갈첸(1182~1253)은 사캬 파의 영적인 그리고 세속적인 발전에 크게 기여했으며, 지금도 사캬 판디타로 불린다. 그는 그 당시 세력이 커지던 몽고와 굳건한 외교관계를 유지했는데, 이 덕분에 대몽고 제국의 정복전쟁 중에서 침략을 면할 수 있었다. 징기스칸과 사캬 판디타는 정기적으로 왕래를 유지하여, 후에는 티베트의 한 라마가 몽고 왕자 고딘 칸의 궁에 가서 그의 중환을 고쳐 주었다. (1244년) 그리하여 결국 한 뛰어난 사캬 파 라마의 예지와 위엄 덕분에 불교가 몽고에 커다란 문화세력으로 정착하게 되었다.

사캬 판디타의 조카인 팍파(1235~1280) 때에 와서 사캬 파의 라마들은 티베트의 세 지방에 걸쳐 세력을 확보하게 되고, 이에 따라 세속적으로 강한 힘을 얻게 되었다. 그들은 약 구십 년에 걸쳐 정치적인 지배력을 행사하였다.

팍파는 또한 뛰어난 불교학자였다. 몽고의 왕자들 중 가장 세력있던 쿠빌라이 칸이 자신의 중국 영토를 다스려 달라고 그를 초청하였다. 팍파는 이를 수락했으나, 그러나 쿠빌라이 칸의 왕실에서 황제와 대등한 권력을 인정해 줄 것을 주장하였다. 말들이 오고가다 결국 정신적인 문제에 대해서는 대라마가 다스리고, 왕자는 모든 세속적 일을 맡아 다스리기로 귀착되었다. 사캬 파의 대라마는 쿠빌라이 칸에게 커다란 영향을 주었는데, 그는 대라마의 지혜와 학식과 위엄있는 태도에 감명을 받았다. 더우기 팍파가 몽고의 말에 맞춰 몽고 문자를 고안해내자 왕은 더욱 기뻐하며 티베트, 몽고, 중국의 모든 불교도는 사캬 전통에 따를 것을 포고하였다. 그러나 팍파는 왕에게, 모든 불교인들은 그들에게 가장 적합한 불교 형태를 따라야 한다고 붓다 자신이 가르쳤음을 설명하며 그런 포고령을 시행하는 것을 말렸다.

4. 겔룩 파(Gelug 派)

겔룩 파는 아티샤가 세운 카담 파에서 연원한다. 그러나 이 전승을 통일시킨 것은 총카파이다. 1357년 티베트의 암

文殊菩薩 Manjushri

총카파 Tsongkhapa

도 지방에서 태어나 어려서부터 배우는 데 비상한 소질을 나타냈다. 일곱 살에 계(戒)를 받고, 열여섯 살에 스승의 충고에 따라 그 학문과 경험의 시야를 넓히기 위해 중앙 티베트를 여행했다. 티베트 불교의 여러가지 형태에 정통하게 되었는데, 특히 교의의 타당성을 입증하고 드러내는 수단으로서 불교의 논리학에 관심이 많았으며, 또한 매우 능숙하였다. 그가 지은 저서 중에서 가장 널리 알려진 것이 「깨달음으로 가는 단계[菩提道次第論]」이다. 총카파를 따르는 무리가 급속히 늘어나 1393년에는 여덟 제자뿐이었는데, 십년 후에는 추종자가 너무 많아져 새로운 학파를 이루게 되었다. 이 학파는 교단의 계율을 엄격히 준수하며, 종교적 수행으로 나아가기 위한 기본으로서 건전한 교육의 필요성을 강조했다. 1409년 총카파는 유명한 가덴 사원을 건립하고 초대 원장이 되었다. 1419년 세라 사원에 이어 1416년 드레풍 사원이 건립되었다. 이 세 개의 사원 겸 대학은 겔룩 파의 중핵을 이루고 있었는데, 티베트와 그 밖의 모든 지역에서 승려들이 모여들었다. 총카파—티베트인들은 그를 제 린포체(Je Rinpoche, 소중한 스승이라는 뜻)라 부르는데—는 1419년 가덴에서 죽었다. 티베트 불교의 위대한 정신을 종합한 그의 종교적 유산은 티베트 전역에 큰 영향을 주었다.

제1대 달라이 라마인 겐둔 드룹은 총카파의 뛰어난 제자 중의 한 사람이자 그의 조카였다. 그는 챵 지방에 타시 룬포 사원을 건립했다. 이곳은 후에 판첸 라마의 거처가 되었는데, 최초의 판첸 라마는 제4대, 5대 달라이 라마의 스승이었다. 달라이 라마는 자비를 형상화한 보살이며, 티베트의 수호신인 관세음보살의 현현으로서, 그리고 판첸 라마는 아미타불(阿彌陀佛)의 화신으로 여겨진다.

5. 티베트 불교의 몇 가지 특색
1) 라마
라마(Lama)란 티베트어는 산스크리트어 구루(Guru)를 번역한 것으로, 문자 그대로는 무거운 사람 즉 대단한 학식이 있고 영적으로 완성된 사람을 의미한다. 곧 라마는 해탈로 가는 길을 가르치는 뛰어난 존재를 상징하는, 고귀한 자 또는 영적인 자를 의미한다. 제자들을 깨달음이라는 목표로 인도할 수 있는 영적인 스승 즉 라마가 될 수 있는 자질에 대해 세 가지 기본 전승에 따라 살펴보면 다음과 같다.

계율의 모음[律藏]에서 라마의 몇 가지 자질이 언급되는데, 최소한도로 라마는 부동성과 학식이라는 두 가지 기본적인 특질을 가져야 한다. 부동성이란 비구계를 적어도 십 년간 충실히 그리고 끊임없이 지키는 것을 말한다. 학식이란 삼장(三藏)과 출가의 의식을 집전할 수 있는 심오한 지식을 갖추는 것을 말한다.

대승의 가르침에 따르면 라마는 열 가지 자질을 가져야 한다. 계율을 지키고 명상을 수행하고, 분별할 수 있는 지혜를 닦고, 제자보다 나은 학식과 깨달음을 얻어야 하고, 온 노력을 바쳐 그 자신과 다른 이들의 궁극적인 목표를 성취하는 데 헌신하고, 삼장에 대해 깊은 지식을 갖고, 현상의 본질 즉 공성(空性)을 이해하고, 제자들을 가르칠 기술이 있어야 하고, 제자들과 모든 중생에 대해 무한한 애정과 친절한 마음을 가져야 하며, 제자들을 위해 그가 당면한 어려움에 좌절해서는 안 된다. 라마는 이 열 가지 자질을 모두 갖추어야 한다. 만일 세상이 타락하여 이러한 라마를 찾을 수 없다면, 이들 중 최소한 여덟 가지의 자질을 갖춘 라마를 찾아도 된다.

탄트라승에 따르면 라마는 대승에서 말하는 일반적인 자질 외에도 탄트라 스승으로서의 몇 가지 특별한 자질을 갖추어야 한다.

영적인 스승을 찾고자 하는 사람은 우선 경전 속에 나타나 있는 그런 사람의 자질을 발견해야 한다. 만일 어떤 스승을 택했는데 그가 그 요구되는 자질들을 갖추고 있지 못해도, 그는 그 사람의 라마로는 될 수 있다. 그러나 일단 라마와 제자간에 사승관계(師承關係)를 맺고 나면 그는 법(法)의 가르침에 따라 자신의 스승에게 내내 굳건히 충실해야 한다.

2) 환생한 라마

높이 깨친 라마는 자신이 맹서했던, 해탈의 상태에서 안락하게 있지 않겠다는 보살계에 따라 모든 중생의 행복을 위한 구제의 사업을 벌이려 다시 태어나야 한다. 열반에 들기 전 라마의 제자들은 흔히, 그가 같은 장소에 환생하여 가르침을 베풀고 고통받는 존재들을 구원하는 일을 계속해 달라고 요청한다. 그래서 만일 자신이 같은 곳에 태어나는 것이 좋을 것이라고 예견하게 되면 그는 거기에 화신의 형태로 다시 태어난다. 자세히 조사해서 화신임이 인정되면 그가 환생한 라마라고 선포한다. 따라서 이전의 라마가 어린 라마로 환생했을 때에도 라마라는 명칭을 사용한다.

티베트에 환생한 라마가 공식적으로 인정되는 전통이 세워진 것은 카르마 팍쉬(1206~1283)가 제1의 카르마파인 두숨 켄파(1110~1193)의 환생 즉 제2의 카르마파로 확인되고서부터이다. 그 이후로 이 전통은 전 티베트의 모든 불교학파로 확산되었다. 1959년 이전까지 환생한 라마는 약 일만 명으로 추산되는데, 망명의 시기에도 약 사백 명이 나왔다.

3) 툴쿠

툴쿠(Tulku, 活佛)란 티베트어는, 붓다의 화신(化身)을 의미하는 산스크리트어 니르마나카야에 해당하는 단어이다. 붓다의 화신에는 세 가지가 있는데, 간다르바 음악신의 자존심을 꺾기 위해 악공(樂工)으로 화신한 경우와, 여러 상이한 세계에 붓다로서 태어나는 출생에 의한 화신과, 석가모니 부처같이 붓다로서 열두 가지 위대한 행위를 다하는 가장 뛰어난 화신의 세 가지이다. 그러므로 툴쿠란 말은 그 기원에서 붓다의 현현 또는 화신을 의미한다. 후에 좀더 집단적인 의미로 고위 라마의 화신 모두를 지칭하게 되었다. 따라서 모든 환생한 라마들을 또한 툴쿠로 생각한다. 열반에 든 라마가 환생한 것을 확인하는 과정은, 고위 라마에게 자문하여 어디서 어린 환생을 찾아낼 것인지 계시를 받는 데서부터 시작한다. 조심스럽게 후보자들의 말과 행동과 정신적 태도와 그외 그들이 태어날 때 부모들이 경험한 상서로운 징조 등을 평가한다. 최종 결정은 최고의 깨달음을 얻은 라마가 내리는데, 모든 시험이 일치되는지 여부에 근거하여 그 애기가 어떤 라마의 환생인지가 확인되었을 때 내린다. 그 아이가 자신의 전생의 이름과 세세한 일까지 또렷하게 말하는 경우도 있다. 권위있는 라마와 의논하고, 계속해서 다른 여러가지 형식적 시험을 거친 후에 그 어린이는 환생한 라마로 인정된다.

6. 종교가 권력을 취하는 제도 - 달라이 라마

1. 제5대 달라이 라마

육세기에 이르러 겔룩 파의 세력과 영향력은 거대하게 밀어닥쳤다. 3대 달라이 라마인 소남 걋초는 몽고족에게 불교를 가져다 줌으로써 정치적 역량을 대폭 강화시켰다. 투멧 몽고의 알탄 칸 왕의 초청으로 1578년 몽고를 다녀온 후, 몽고에 사원이 세워지고 주술적 신앙의 영향이 제거되었다. 중앙아시아에서 가장 강대한 세력인 몽고가 불교를 신봉하게 됨으로써 티베트와 몽고와 중국 사이의 유대가 강화되었다. 소남 걋초는 알탄 칸으로부터 지혜의 바다, 달라이 라마라는 칭호를 받았다. 제4대 달라이 라마 욘텐 걋초는 몽고인 집안에서 태어났지만 티베트로 모셔와 교육했다. 이 시기에 티베트는, 티베트 왕국의 귀족들이 세력을 갖고서 서로 주도권을 다투고 있었다. 어느 한 파벌이 전체 티베트을 지배한 경우는 없었다.

롭상 걋초, 제5대 달라이 라마는 '위대한 5대'라 부르는데, 1617년 중앙 티베트에서 사캬 파와 닝마 파와 관련있는 집안에서 태어났다. 곧바로 그는 5대 달라이 라마로서 확인되었고 적당한 때에 즉위했다. 그는 팔세기 이후로는 처음으로 티베트를 통일했으며 중앙정부를 강화했다. 인도나 다른 이웃나라와 문화적 유대를 재건했으며, 그 자신 중국을 방문했다. 그가 1682년 죽고 난 후 티베트의 통치는 섭정 데시 상예 걋초가 맡게 되었고, 그리고 나서 그 다음 달라이 라마에게 넘겨졌다. 티베트 사회는 티베트 국민의 물질적인 행복, 정신적인 행복을 가져다 줄 수 있는 사회구조 형태를 취했다.

2. 티베트 문화의 외부로의 전파

십칠세기 후반에 이르러 티베트에는 불교가 완전히 녹아들었으며, 순수한 티베트적인 형태로 전개되었다. 티베트 불교는 몽고에 받아들여졌는데, 사캬 판디타가 최초로 티베트 불교를 전래한 이래, 1920년대까지 몽고내에서 문화적 세력으로 뿌리박았다. 사회주의 혁명이 일어나 몽고 문화를 파괴했을 때 불교만이 유일한 기간세력으로 남았다. 티베트 불교는 국경을 맞대고 있는 중국 특히 연남지방에 전해지고, 인도 영토인 라닥, 라훌, 스피티, 시킴, 아루나찰 프라데쉬, 그리고 네팔국, 부탄국에까지 전파되었다.

3. 사원의 구조

티베트의 사원은 그 규모에 있어서, 조그만 암자에서 사원이 도시를 형성하고 대학의 형태를 취하는 것까지 다양하다. 사원의 제도가 어떻게 발전하는가 하는 것은 티베트 불교를 설명하는 데 매우 기본이 되는 일이다. 티베트인들은 사원의 제도를 점차 확충시켜서 그것이 티베트의 사회구조를 변화시키고, 나라의 정치 문화적 생활까지 좌우하기에 이르렀다. 많은 차이점이 있지만 모든 티베트의 사원들은 율장(律藏)에 나와 있는 사원의 규칙을 그대로 따른다.

사원에는 많은 승려들이 있다. 상하 계위(上下階位)가 나뉘어져 있는 체계로써 계율을 유지하고, 교육을 감독하고, 기도집회를 주관하고, 그리고 영적인 발전을 위해 도움이 되는 환경을 조성하려 애쓴다. 사원에서의 생활은 기도하고 집회를 갖고 학습하고 명상하는 일들로 이루어진다. 큰 사원은 여러 학당(學堂)으로 나뉘는데, 그것이 또 작은 부분으로 나뉜다.

4. 13대 달라이 라마

제6대에서 12대 달라이 라마의 치세인 십팔, 십구세기에 만주족의 영향이 점점 커지는 것을 피부로 느끼게 되었다. 13대 달라이 라마의 통치기간 중 대영제국과 제정 러시아간에 세력다툼이 있었다. 이 두 강대국은 중앙아시아에 대

달라이 라마 롭상 갓초 The Dalai Lama

한 힘의 우위를 확보하기 위해 무력을 과시하려 하였다. 티베트는 속수무책으로 이 두 강대국 사이의 분쟁에 끼어들었다. 영국의 정복대가 티베트에 영국의 힘을 증가시킬 목적으로 티베트로 들어오고, 달라이 라마는 몽고로 피신하기에 이르렀다. 그는 결국 중국으로 갔다가 다시 티베트로 돌아왔다. 그후 1910년 중국이 침략하고 다시 달라이 라마는 영국령 인도로 피신하였다. 1911년 신해혁명(辛亥革命)이 일어나 만주국이 무너지고, 중화민국이 성립되자 달라이 라마는 티베트로 돌아올 수 있었으며, 티베트의 독립을 선포하였다.

13대 달라이 라마는 근대화의 필요성을 절감했다. 남부 티베트의 걍체와 인도에서 소규모 군대를 훈련시키고 작은 규모지만 경찰도 조직하였다. 영국의 도움으로 라사에서 걍체까지 전화선이 가설되고, 티베트의 많은 지역에 대해 지리탐사를 했으며, 수력발전소도 건설했다. 티베트의 학생들은 또한 영국으로 가서 교육받았다. 더우기 달라이 라마는 종교제도의 혁신을 장려했다.

13대 달라이 라마는 1911년 만주 군대가 티베트에서 완전히 퇴각한 때부터 1949년 중공의 인민해방군이 침략해 올 때까지 약 사십 년간 티베트 국민의 안정과 평화를 지켜 왔으며, 이 조그만 나라는 완전독립을 누려 왔다. 티베트의 장래를 우려하면서 분주히 애쓰고 고생했던 13대 달라이 라마는 1933년 열반에 들었다.

7. 14대 달라이 라마, 텐진 걋초

1933년 13대 달라이 라마가 열반했을 때, 티베트 정부에 당면한 과제는 후계자로서 모든 붓다의 자비가 구현된 관세음보살 즉 첸레지의 화신을 찾는 일이었다.

1935년 티베트의 섭정이 라사 동남방 구십 마일의 초코걀에 있는 라모이 라초라는 신비한 연못으로 갔다. 티베트인들은 수세기 동안 미래의 영상을 이 연못에서 보아 왔다. 섭정은 세 글자의 티벳 문자 '아', '카', '마'와 더불어 비취빛 황금빛 지붕의 수도원, 청록색 벽돌로 된 집의 영상을 보았다. 이 영상의 세세한 모습이 기록되어 엄격히 비밀로 간직되었다.

섭정이 영상에서 본 장소를 찾기 위해, 1937년 고위 라마와 고관들이 티베트의 각지로 파견되었다. 세라 수도원의 큐창 린포체 라마가 이끄는 조사단은 동쪽으로 갔는데, 암도에 이르러서 신비의 영상에 부합되는 집을 찾았다. 큐창 린포체 자신은 하인으로 변장하고 하위 관리인 롭상 츠왕을 인솔자로 변장시켜 조사단이 그 집으로 갔다. 그때 린포체는 13대 달라이 라마의 것이던 염주를 걸고 있었는데, 그 집에 사는 두 살 난 사내아이가 염주를 가리키며 그것을 자기에게 달라고 했다. 큐창 린포체는 자기가 누구인지를 알아맞히면 염주를 주마고 약속했고, 아이는 '세라 아가(sera Aga)'라고 대답했는데, 그것은 '세라의 라마'를 뜻하는 말이었다. 린포체가 또 인솔자가 누구냐고 물었을 때 아이는 그의 본명을 댔고, 하인의 이름도 알고 있었다. 이어서 여러 모조품들 가운데서 달라이 라마가 소유했던 물건들을 고르는 시험을 했다.

이러한 시험을 통해 조사단은 그들이 화신을 발견했다고 믿게 되었다. 그것은 라모이 라초 연못에서 본 세 글자와도 부합되는 것이어서 더욱 더 그러한 확신을 얻었다. '아'는 암도, '카'는 그 지역 최대의 사원인 쿰붐 그리고 '카'와 '마'는 마을 위의 산에 있는 카르마파 돌파이 도제 수도원에 대응될 수 있었다. 13대 달라이 라마가 중국에서 돌아올 때 이 수도원에 머물렀다는 것도 중요한 증거로 여겨졌다. 새로운 달라이 라마가 1940년, 다섯 살이 되자 즉위하였다.

1. 티베트에서의 달라이 라마의 교육
어린 달라이 라마는 포탈라 궁에 살면서 링 린포체와 트리장 린포체 두 스승에게서 불교철학을 배웠다. 그는 방대한 경전을 이해하고 기억하는 데 뛰어난 재능을 보였으며, 그 밖에 외부 세계에도 관심이 많아 영어, 수학, 세계지리 등도 공부했다.

종교적 훈련이 중심이 된 승왕(僧王)의 교육은 여섯 살에 시작해 열여덟 살까지 계속되었다. 열두 살이 되어서 토론하는 법을 교육받기 시작했는데, 불교사상의 고차원적 주제에 대한 논서들을 학습하고 암기하여 가장 뛰어난 학자들과 토론하게 되었다.

열세 살 때 승왕은 드레풍과 세라의 큰 수도원 대학에 입학하여 대논서들에 관해 대중논쟁에 참여하게 되었다. 대중논쟁을 경험한 것은 그것이 처음이었는데, 승왕은 거기서 수백 명의 학식있는 종교관리와 수천의 승려들 앞에서 노련한 수도원장을 능숙하게 상대하였다. 이로부터 그는 철학을 열심히 학습하기 시작했고 빠른 속도로 진전을 보였다.

달라이 라마 승왕은 스물네 살 때 세 곳의 수도원 대학에서 예비시험을 보았다. 각 시험에서 다섯 논서에 대해 세 사람씩 모두 열다섯 명의 박학한 학자들과 논쟁을 해야 했다. 또 두 명의 노련한 수도원장 앞에서 다섯 가지 기본 주제와 토론을 치러야 했다.

일 년 뒤 여러 해에 걸친 공부의 결산으로서 게세 칭호를 얻기 위한 마지막 시험이 치러졌다. 그것은 몬람제(祭) 기간 중 라사의 죠캉 사원에서 행해졌다. 오전 중에는 삼십 명의 학자와 연합토론의 형태로 논리학에 대한 시험을 치르고, 오후에는 중관의 반야바라밀에 대해 열다섯 명의 학자와 토론해야 했다. 밤에는 서른다섯 명의 학자가 계율과 형이상학에 대해 시험했다. 이러한 학문적 토론은 수백 명의 학자와 수천 승려의 목전에서 행해졌다.

열다섯 살 때 승왕은 종교를 통해서만 참된 행복을 얻을 수 있다고 믿고서 가르침을 베풀기로 결정했다. 1951년에 드로모와 간체에서 관세음보살의 관정(灌頂)을 내렸고, 1954년에는 여름 별궁인 노부 링카 궁전에서 깨달음으로 가는 단계에 대한 가르침을 내렸으며, 1957년에는 칼라차크라 관정을 내렸다.

2. 나라에 대한 책임과 인도 망명

열여섯 살 되던 해 티베트는 중공의 침략위협을 받게 되는데, 이때부터 달라이 라마 승왕은 정치적인 전권을 행사하게 되었다.

1949년에 중공군은 티베트 동부에 진주하였다. 이전의 13대 달라이 라마가 티베트군을 현대화하기 위해 시도한 적이 있었지만 중공의 현대 무기를 당해낼 수는 없었다. 이후 구년간 승왕은 중국의 권력과 공존하려고 노력했으며, 중국은 티베트의 풍습과 종교를 존경해 주는 대응을 해왔다. 그러나 그들은 좀더 실권을 장악하게 되자 침략을 강화하였고, 1954년에 승왕은 모택동(毛澤東)과 주은래(周恩來), 등소평(鄧小平)을 포함한 중국 지도층과 협상하기 위해 북경(北京)에 갔다. 1956년 2500차 쟈얀티 의식에 참석하기 위해 인도를 방문한 승왕은 인도 수상 네루와 주은래 수상과 함께 티베트의 악화된 정치 사정에 대해 논의했다.

그러나 티베트에 남아서는 더이상 국민을 도울 수 없게 되자, 승왕은 유엔의 도움을 기대하며 십만의 티베트인과 더불어 인도로 망명하였다. 그는 유엔에 티베트에 관한 의제를 상정하였고, 유엔 총회는 1959년, 1961년 그리고 1965년 총회에서 결의문을 채택하였다. 이 결의문에서는 '티베트인의 기본적인 인권과 자치권을 포함한 모든 자유를 침해하는 행위의 중지'를 요구했다.

승왕 달라이 라마는 1963년 티베트 국민에게 민주정부를 약속하는 헌법을 공포하였다. 이후 임시정부는 그 헌법 조문에 의해 조직되었고, 선출된 대표가 정부의 중요정책을 수행하게 되었다. 달라이 라마 승왕의 영도 아래 티베트 임시정부는 많은 피난민을 정착시키고 빈곤을 퇴치하는 데 큰 진전을 보았다. 승왕은 소박한 승려생활을 하고 있으며, 국민의 행복에 대한 자신의 책임을 잊지 않고 있다.

3. 동과 서의 만남

이전의 달라이 라마와는 달리 14대 달라이 라마는 동서양에 걸쳐 널리 여행하였다. 그는 영적 정치적인 지도자들, 과학자, 의사, 작가, 철학자, 일반인들과 만나 이념과 견해를 교류하였다. 1973년에는 바티칸에서 고 바오로 6세 교황과 만났고, 요한 바오로 2세 교황과는 여러번 만나 특히 세계의 평화와 조화에 대해 많은 이야기를 나누었다.

4. 달라이 라마의 메시지

해외를 여행하는 동안 승왕 달라이 라마는 세계의 상이한 종교들끼리 보다 더 이해하고 존중해야만 한다고 강조했다. 그는 최근 보편적인 책임과 사랑, 자비와 친절한 마음에 대한 메시지를 전하는 담화를 발표했다.

"순수한 인간과 인간 사이의 관계가 점차로 더 절실해지고 있다.… 오늘날 세계는 점점 더 좁아지고 상호의존적으로 되었다. 한 국가의 문제는 그 자체로 완전히 해결될 수 없다. 따라서 보편적인 책임의식이 없이는 우리의 생존 자체가 어렵다. 기본적으로 보편적 책임이란 것은, 다른 사람의 고통을 우리 자신의 것과 같이 느끼는 것이다. 또한 우리의 적들도 행복을 찾아서 움직인다는 것을 깨닫는 것이다. 우리는 모든 존재가 동일한 것을 원한다는 것을 알아야 한다. 이것이 왜곡된 생각에서 벗어나 참된 이해를 얻는 방법이다."

승왕은 인류가 군사를 해체해야 항구적이고도 의미있는 평화를 얻을 수 있다고 믿는다. 그는 말하기를 우리 인간이란 관용과 자비 그리고 사랑을 원한다. 인간으로서의 감정을 발전시키는 것이 최고로 중요한 일이며, 거기서부터 인간은 인류내에서의 자신의 위치를 깨닫게 된다. 그러므로 모든 사람 각각이 참된 세계 평화를 획득하는 데 책임이 있다.

인간은 오늘날 물질적으로 발달된 세계에 살고 있지만, 그러나 승왕은 이러한 진보가 인간의 고뇌를 제거하지는 못했다고 본다. 부유하고 물질적으로 풍요한 사람도 고통을 받는다. 물질적 진보가 필요하고 또 많은 이득을 준다는 것은 인정하지만, 우리는 발전의 또 다른 측면을 검토해야 할 시점에 이른 것이다.

인간의 지혜는 매우 발달되고 이용되지만 인간의 마음은 무시되었다. 이렇게 올바른 마음이 결여되었기 때문에 우리가 물질적인 풍요 속에 살면서도 완전한 만족을 느끼지 못하고 평화를 경험하지 못하는 것이다. 자비와 사랑, 모든 인류에 대한 이해와 존경을 실천하여 분노, 증오, 공포, 의혹과 같은 장애를 극복한다면 이러한 것이 발전하여 내적인 평화가 창조되고 뒤따를 것이다.

이러한 일들을 성취하기 위해서 사람은, 부정적 사고를 줄이고 긍정적 사고를 증대시켜야 한다. 일상생활에서, 분노의 부정적인 측면과 사랑과 자비의 긍정적인 면을 잘 살펴야 한다. 내면의 평화를 갖지 못하는 성내는 사람은 좋은 친구도 갖지 못한다. 본성이 고요한 사람은, 기쁠 때나 슬플 때나 같이하는 참된 친구를 갖는다. 분노와 질투, 탐욕이 아닌 사랑과 자비, 개방과 솔직함에 의해서 좋은 친구가 얻어진다는 것은 분명하다. 부정적인 사고는 행복의 파괴자이고 긍정적인 사고는 행복의 창조자이다.

그러므로 승왕은 우리 모두의 진정한 적은 분노라고 믿는다. 우리 자신의 마음속에서나 친구 또는 적의 마음속에서나간에, 진정한 적은 분노이다. 분노는 항상 유해한데도 인간은 그것을 알아차리지 못하고 있다. 어떤 사람이 오늘은 당신의 적이지만 내일 혹은 내년에 그가 도리어 친구가 될 수도 있다. 그러므로 우리를 해치는 사람을 너무 혹독하게 비난해서는 안 된다. 어느 날 그의 동기가 바뀔 수도 있으니까.

분노를 극복하기 위해 우리는 보다 더 관용적인 사람이 되어야 한다. 관용과 인내를 발전시키려면 우리에게 적이 필요한데, 그들이 없다면 인내를 실천할 방법이 없기 때문이다. 따라서 적을 만난다는 것은 우리에게 유익한 일이니, 그때 우리는 인내를 발전시킬 수 있고 우리의 내적인 강인함을 시험할 수도 있다. 우리가 이런 식으로 생각하게 되면,

적을 새로운 각도에서 볼 수 있고, 관용과 인내를 실행할 기회를 준다는 점에서 그들에게 고마움을 느낄 수도 있다.

승왕은 모든 종교가 인간에게 기여할 수 있다고 믿는다. 과거의 모든 종교적 스승들은 인류의 이익을 위해 가르침을 베풀었다. 어떠한 세계의 종교라도, 거기에 충실한 신자는 내적 평화를 얻는다. 승왕은 모든 종교란 기본적으로 같은 목표를 갖고 있고, 선한 사람을 만든다고 믿는다. 우리가 다양한 세계의 다양한 종교에 대해 존경하는 마음을 기르려면 항상 이러한 점을 명심해야 한다.

승왕 달라이 라마는 가는 곳마다 대중에게 놀라운 감동을 주었다. 그는 그의 견해의 핵심을 추려 다음과 같은 직명한 말로써 선사한다.

"나의 종교는 단순합니다.… 나의 종교는 친절합니다."

8. 망명중의 티베트 불교

"여기 티베트의 심장부에 자리한 라사 ― 종교와 행정의 중심부가 모두 안팎으로 공격을 받을 날이 오리라. 우리 스스로 조국을 지키지 못한다면, 우리 신앙의 수호자요 영광스런 부처님의 화신들로서 아버지와 아들 같은 사이인 달라이 라마와 판첸 라마는 곧 하릴없이 파괴되어 흩어지리라. 사원과 승려들이, 저들의 땅과 재산이 모두 파괴되리라. 중생들은 크나큰 고통과 지독한 공포에 휩싸이리라. 고통 속의 밤낮이 한없이 길어지리라."

― 제13대 달라이 라마, 1931년

1. 오늘의 티베트 임시정부가 있기까지

1949년 중화인민공화국 해방군들이 티베트 변경에 집결했다. 1951년 그들은 마침내 라사로 진격했다. 팔 년 동안 티베트인과 중공군은 긴장된 공존을 계속했다. 급기야 1959년 라사에서 티베트인들이 중공에 항거하여 들고 일어났다. 이어 승왕 달라이 라마는 칠만오천 명의 난민을 이끌고 인도로 망명했다. 달라이 라마가 자리를 뜨자 중국은 티베트의 문화적 유산을 파괴하는 데 꺼릴 것이 없었다. 육천여 사원이 노략질로 회진되었고, 마굿간으로 전용되었으며, 수백만 권의 책들이 불타 없어지고, 값을 헤아릴 수 없는 예술품들이 트럭에 실려 중국으로 반출, 용광로에 녹아 없어졌다. 중국인들은 녹인 금과 은을 소련에 진 빚을 갚는 데 썼다.

승왕은 북인도 히말라야 산록에 있는 다람살라에 임시정부를 세웠다. 승왕을 따라 피난 나온 사람들을 먹이고 입히고 재우는 일이 당장의 급선무였다. 어린이들은 거의 모두가 고아들이었다. 부모들이 티베트에서 빠져 나오지 못했거나 피난 도중 죽었거나 했기 때문이다.

피난민 가운데 칠천여 명의 남녀 승려도 있었다. 이들의 존재는 문제거리인 동시에 희망이었다. 티베트인들은 위안과 지도를 종교에서 구한다. 피난민들이 마음의 평화를 잃지 않고 수많은 난관을 극복한 것은 종교와 승려들 덕이다. 티베트인들은 라마를 믿고 따른다. 그들의 생존에 종교는 필수불가결하다. 티베트를 탈출한 승려들은 국민들에게 꺼지지 않는 희망의 등불이 되었다. 그러나 망명중의 종교를 재건하는 문제는 그리 쉽지 않았다.

티베트에서 사원은 대학교와 같은 역할을 한다. 종교와 문화의 중심지가 바로 절이다. 티베트는 학문을 존중하는 전통이 있다. 따라서 승려들 대부분은 인도 학승들의 철학적 논문에 주석을 가하거나, 아름다운 시를 짓거나, 의학·점성술 등을 공부하거나, 나름대로 저마다 어느 한 가지 학문에 종사한다. 티베트에서는 사원을 떼어놓고 학문의 발전을 기할 수 없다. 또 사원은 예술을 장려하고, 따라서 모든 예술품이 종교적 색채를 지닌다. 그림과 조각은 경전에 씌어진 그대로 정확한 지침을 따라 그려지고 만들어져야 한다. 아예 승려들 스스로가 조각가이거나 화가인 경우가 많다. 승려가 아닌 화가나 조각가는 사원의 학승(學僧)들 지시에 따라 작품을 만들게 된다. 사원에서 보통 수많은 예술품을 주문 제작한다.

티베트 사원의 전형적인 교과과정은 다섯 가지 과목으로 이루어져 있다.

1. 반야바라밀경(般若波羅蜜經) — 세상을 꿰뚫어보는 최고의 지혜를 설한 경전
2. 중론송(中論頌) — 반야바라밀경을 정치(精緻)한 철학적 이론으로 다시 풀이한 논문
3. 비나야[律藏] — 승려 및 불자(佛子)가 지키는 계율을 한데 묶은 글들
4. 구사론(俱舍論) — 부처님이 설하신 진리의 말씀을 분류 정리, 체계적으로 집대성한 불교 형이상학의 극치
5. 프라마나(Pramana) — 논리학 또는 변증법

다섯 과목이다. 특히 프라마나란 으뜸가는 지식의 원천에서 뽑은 몇 가지 주제를 놓고, 암기, 청강(聽講), 급우들과의 토론을 통해 혜안을 닦는 과정이다. 이처럼 논리적 훈련은 티베트 불교의 필수불가결한 교육과정의 하나다. 토론을 통해서 학승(學僧)들은 여러가지 관점에서 철학적 문제들을 검토하며, 추론을 거쳐 그 타당성을 확인한다. 이런 훈련은 고전을 보다 깊이 이해하고, 특히 미묘한 형이상학적 문제까지도 면밀히 검토하여 불교 철학의 완전한 이해를 가능하게 한다. 학승들은 또 불교의 고등훈련술인 지관(止觀, 마음을 가라앉혀 사물의 본질을 있는 그대로 꿰뚫는 법)을 연습한다. 암기 또한 필수불가결한 훈련도구로 인식된다. 이 다섯 과정을 전부 이수한 학승은 대략 삼천여 페이지가 넘는 고전을 암기할 수 있다. 이 모든 과정을 완전히 습득한 스님들에게 각기 여러 전통에 따라 그에 상당한 학위가 수여된다.

2. 승려들의 재정착과 사원의 재건

승왕 달라이 라마의 요청을 받아 인도 정부는 천오백여 명의 라마, 학자, 남녀 승려들로 하여금 아쌈 주 북사에 티베트 절을 세우도록 허가했다. 옛날 영국 통치 시절의 감옥소 자리에 이제 티베트식 사원 캠프가 완성된 때가 1959년이었다.

북사 캠프의 생활은 꼭 절과 다를 바 없었다. 승려들이 학문을 계속하고, 전통적인 종교관행을 이어갈 수 있는 모든 시설이 갖추어졌다. 전통적인 교육을 계속하도록 온갖 노력을 기울였으나, 책만은 무척 귀했다. 갖고 나온 책을 우유통이나 빈 상자뚜껑에 베껴 쓸 수밖에 없었다.

1966년 폐병의 창궐로 북사 캠프를 다른 곳으로 옮기는 일이 절실해졌다. 북사는 찌는 듯한 열대 정글지대라서 티베트인들의 건강을 해쳤던 것이다. 인도 정부는 승왕의 요청을 받아 이들의 재배치를 도와주었다.

1970년에야 이들 승려들을 카르나타카로 재배치하는 인도 정부와의 교섭이 마무리되었다. 승려들이 북사를 떠나기 시작한 해가 1971년, 승왕이 새로운 정착지를 건설하는 괴로움을 참자고 격려하는 동안 승려들은 결국 새 정착지의 건설을 미래를 창조하는 기회로 삼게 되었다. 1972년에는 북사를 완전히 버리고 떠났다.

티베트 승려들도 농사를 짓지 않을 수 없어, 농민은 물론 인도 농업전문가들의 조언까지 받아들이게 되었다. 농기구가 있을 리 없었다. 쟁기질과 잡초 뽑기 등을 모두 손수 하지 않으면 안 되었다. 1974년에야 사원의 격식있는 살림을 운영할 정도로 충분히 건물들이 완공되어 그 전통이 새롭게 시작되었다. 그러나 승려들도 이제는 밭에서 일을 해야 했으므로 공부할 시간이 줄어들었고, 따라서 전통적 공부를 필하는 승려의 수효가 점점 줄어들었다. 그럼에도 불구하고 엄청난 노력과 열성으로 티베트의 종교 전통은 여전히 보전되고 있다.

70년대 초기에 비해서 티베트 사원은 세 배로 불어났으나, 저들을 지탱하는 인적 물적 자원은 여전히 같을 수밖에 없다. 우선 과거 티베트 본토에 성행하던 학문의 수준을 회복하는 것이 급선무였다. 중국인들의 파괴공작으로 현재 티베트 본토에는 종교 전통을 지탱할 만한 것이 거의 없다시피하다. 따라서 전통을 지키는 책임은 인도, 네팔, 부탄 등지에 흩어져 있는 티베트 망명 사원들에 전적으로 달려 있다.

현재 인도, 네팔, 부탄에만도 이백이 넘는 티베트 망명 사원들이 있다. 모두 만사백오십 명의 남승(男僧)과 오백오십

명의 여승(女僧)들이 망명하여 있다. 망명중의 주요 사원들은 다음과 같다.

닝마 파에는 1. 카르타나카 주 빌라쿠페 소재의 텍촐 남돌 링 사원, 2. 데라 둔 주 클레멘타운 소재의 게돈 갸찰 링 사원이 있다. 카규 파에는 3. 시킴 왕국의 강톡 소재 룸텍크 사원과 4. 히말찰 프라데쉬 주 타시 종 소재 푼촉 최코르 링 사원이 있다. 사캬 파에는 5. 푸루왈라 소재의 톱탄 남걀 링 사원, 6. 히말찰 프라데쉬 주에 있는 고르 에왐 최단 및 7. 만두왈라의 두 사원, 그리고 8. 우타르 프라데쉬 주 라지푸르 소재의 체첸 탄파이 갸찰 사원이 있다. 겔룩 파에는 카르타나카 주 문곳 소재의 9. 드레풍과 10. 가덴의 두 사원, 11. 카르타나카 주 빌라쿠페 소재 세라와 12. 타시 룬 포 두 사원, 또 13. 아루나찰 프라데쉬 주 봄딜라 소재 규토 밀교 사원과 14. 카르타나카 주 훈수르 소재 규메이 밀교 사원이 있다. 마지막으로 본 파에 속하는 15. 히말찰 프라데쉬 주 솔란 소재의 톱걀 멘리 링 사원과, 16. 네팔에 있는 타시 타르텐 링 사원 그리고 17. 우타르 프라데쉬 주 데라둔 소재의 몽얀 사원이 있다.

티베트 연구와 불교 연구를 위해 대학 역할을 하는 사원들 이외에 티베트 임시정부는 종교와 예술 그리고 문화를 공부할 수 있는 수많은 기구를 설립하였다. 이 가운데 중요한 것으로 다음을 꼽을 수 있다.

1. 사르나트 소재의 고등 티베트학 중앙 연구소
2. 다람살라에 있는 티베트 저작 도서관 겸 문서 기록 보관소
3. 뉴델리에 있는 티베트의 집
4. 다람살라 소재 티베트 의술 및 점성술 연구소
5. 다람살라 소재 티베트 공연예술 연구소
6. 다람살라 소재 불교 변증법 연구소
7. 다람살라 소재 티베트 금속공예 훈련학교

3. 해외의 불교센터들

티베트의 라마와 학승들은 외국 학생들과 협조하여 이십구 년 동안 인도와 네팔 이외의 서른두 나라에 육백 개가 넘는 불교센터를 설립하였다. 이런 곳들이 전세계에 부처의 가르침을 널리 펴는 데 크게 공헌한 것은 말할 나위도 없다.

---

1. 역주 – 붓다가 법륜을 굴린 내용에 대해서는 일반적으로 우리가 알고 있는 것과 티베트 전승과는 차이가 있다.
2. 역주 – 여기서 탄트라란 탄트라 가르침이 수록된 문헌들을 말한다.
3. 역주 – 논장(論藏)은 흔히, 불멸후 200년 이후부터 성립하기 시작하여 붓다가 설한 내용에 대해 철학적으로 천착한 문헌을 가르키는 것인데, 티베트 에서 전승되어 오는 사실과 일반적인 견해와는 차이가 있다.
4. 역주 – 여기서 탄트라들이란 탄트라에 대한 내용이 들어 있는 문헌들을 말하며, 수트라들이란 그 이외의 일반 불교경전을 말한다.
5. 역주 – 정신을 극도로 집중한 상태에서 여러 보살이나 신장(神將) 등의 신격을 마음속에 현현시키는 수행법.
6. 역주 – 세속적 욕망을 버리는 것.
7. 역주 – 깨달음을 얻고자 열망하는 마음.
8. 역주 – 여기서는 식(識)을 말한다. 즉 유식무경(唯識無境)이라고 한다.
9. 역주 – 탄트라의 가르침을 말한다.

TIBETAN BUDDHISM----A LIVING TRADITION

The Council for Religious and Cultural Affairs
of H.H. the Dalai Lama

THE BUDDHA: HIS LIFE AND TEACHINGS

Birth

The Buddha appeared at a time of profound spiritual and intellectual ferment. Siddhartha Gautama was born in the Lumbini Gardens, near the border of modern Nepal, to King Shuddhodana of Kapilavastu and his queen, Maya. The exact dates of the Buddha's life are matter of scholastic controversy. However, it is probable that he was born in 544 B.C.E., left home at the age of twenty-nine, attained enlightenment when he was thirty-five and passed into Nirvana in 464 B.C.E. at the age of eighty.

The Great Renunciation

From his earliest childhood, he was unusually self-possessed. Despite his father's attempts to prevent him becoming more aware of the sufferings that afflict human beings by surrounding him with only sensuous delights, Siddhartha Gautama was deeply troubled. His anguish increased when driving forth from his palace on separate occasions he saw an old man, a sick man, and a corpse, and understood this was the fate of all men. On the final occasion he was impressed by the noble bearing of a sage with a shaven head and a poor yellow robe who had gone forth into the homeless life. That very night Siddhartha Gautama renounced his comfortable princely life and set out determined to find a remedy for human suffering.

He studied with the teacher Alara Kalama and with Rudraka but found no adequate answers to his enquiries. Then he meditated for six long years, subjecting himself to the utmost physical austerities. But he did not find enlightenment. Finally he realized that truth could not be found in austerity alone and he decided to eat. His five disciples left him in disgust. From the maid Sujata he accepted a bowl of milk-rice and, having bathed, he ate it and was envigorated in body and mind. Then he sat beneath the bodhi tree and resolved not to rise again until he had found enlightenment. Thus, during the night of the full moon of May, he became the Buddha, the Enlightened, Fully Awakened One. For seven weeks, he remained in blissful contemplation, pondering whether to teach.

The Teacher

Perceiving that there were disciples who could thereby benefit, he decided to teach. In the Deer Park at Sarnath the Buddha met his five previous companions and gave his first discourse, setting in motion the wheel of the doctrine. He taught the Four Noble Truths, that there is suffering, that it has a cause, which is desire or selfishness, that there is an end to suffering, and that there is a path to it. His five disciples perceived the truth of this in varying degrees and became the first monks.

As the number of his followers rapidly increased, the Buddha encouraged his disciples to go forth and spread his teachings out of compassion for the world.

The Buddha himself travelled extensively throughout Northern India, where he taught to all regardless of social divisions such as caste or gender. His followers included members of his own family, merchants of fabulous wealth, kings like Bimbisara and Ajatashatru of Magadha, as well as people of low caste such as barbers, sweepers and courtesans.

The community of monks and nuns founded by the Buddha is known as the Sangha. Initially entrants were required to renounce worldly life and take refuge in the three Jewels----Buddha, Dharma and Sangha. Later, rules were codified relating to ordination, monastic administration, dress, food and medicine, the fortnightly assembly, the monsoon retreat, and the monastic constitution. The monastic institution was one of the greatest gifts of Buddhism to the world, forming the basis of the spiritual community in all Buddhist lands and developing into famous academic centres like Nalanda.

Some years after defeating the six Heterodox masters with his supreme display of miracles for fifteen days at Shravasti, the Buddha gave the second turning of the wheel of doctrine on the top of a mountain, Vulture's Peak, near Rajagriha. Innumerable Bodhisattvas, Hearers, gods and Nagas were present to listen to the Buddha's second major teaching. On this occasion he presented his ultimate doctrine in the Prajnaparamita Sutras, or Perfection of Wisdom discourses, the heart of which is the philosophy of emptiness. The general system of paths of the Great Vehicle was also taught. Subsequently, at other times and in other places, Buddha taught the King of Meditative Stabilization Sutra, the Heap of Jewels Sutra, and other Great Vehicle sutras related to the second turning of the wheel. The Perfection of Wisdom sutras were the basis of the Middle Way philosophy as expounded by Nagarjuna. Later, in Vaishali, the Buddha gave the third turning of the wheel of doctrine and taught the Sutra Unraveling the Thought and other related sutras which became the basis of the Chittamatra or Mind-Only school of philosophy, expounded by Asanga and Vasubhandu.

Simultaneous with his teaching of the Perfection of Wisdom Sutras on Vulture's Peak, the Buddha taught the Kalachakra Tantra at Dhanyakataka, now Amaravati in Andhra Pradesh, to the king of Shambhala, Chandrabhadra. Similarly, at various auspicious places in this world, such as Oddiyana, in the heavens of Tushita, the Thirty-three and others, the Buddha taught innumerable Tantras of the four classes of Tantra. For instance, once when he visiting the Heaven of of Thirty-three to teach his mother for the three months of the rainy season retreat, he taught the Ushnishasitataptra Tantra. When he was in the Potala Heaven, he taught various Tantras of Avalokiteshvara; and in order that king Ajatashatru might purify his misdeed of parricide, the Buddha taught the Vidarna Tantra. These three Tantras belong to the class of Action Tantras. From amongst the Performance Tantra, the Buddha taught the Tantras of Vairochana Abhisambodhi and Vajrapani Abhisheka. He taught the Vajradhatu-mandala Tantra, which is a Yoga Tantra, in the Akanishtha Heaven while he was attaining full enlightenment at Bodhgaya.

Most of the Highest Yoga Tantras were taught at Dhanyakataka during the period when the Buddha taught the Kalachakra Tantra, including the root Tantra of Vajra Bhairava and so forth. However, the supreme and king of all Tantras, the Guhyasamaja Tantra, was taught in the country of Oddiyana, now in Pakistan, to King Indrabodhi. Indrabodhi is said to have attained the ultimate goal of enlightenment within that very life through the practice of this tantra.

In most of the Tantras, the Buddha is referred to as Vajradhara, not as Shakyamuni, because he manifested his Enjoyment Body to give the exalted tantric teachings. Assumption of different forms to suit different circumstances and disciples does appear even in the general biography of Buddha, and is thus not something unique to Tantrayana.

After a long life of unstinting physical and mental exertion, the Buddha finally came to Kushinagar. Thrice he asked his followers if they had any further questions to ask. Receiving no answer, his final words were: "Decay is inherent in all compounded things. Work out your own salvation with diligence." Thereafter, lying on his side, he entered the successive stages of higher meditation and passed into the state of peace, Parinirvana.

The Three Councils

During the Summer Retreat following the Buddha's passing into Nirvana, the Sangha held a council at Rajagriha which was presided over by Kashyapa under the patronage of King Ajatashatru. The purpose of this Council was to collect the the Buddha's words into the three baskets of teachings. Upali, the oldest disciple, recited the basket of teachings concerning discipline known as the Vinaya Pitaka. Ananda recited the basket of teachings of discourses known as the Sutra Pitaka and Kashyapa recited the basket of teachings concerning knowledge, known as the Abhidharma Pitaka.

A second Council, composed of seven hundred Arhats and presided over by Arhat Kirti, was held a hundred and ten years later at Vaishali under the royal patronage of King Ashoka. Its purpose was to expel a group of monks from Vaishali from the Sangha. These monks had relaxed ten Vinaya vows.

About four hundred years after the Buddha, a third Council, composed of 17,000 Arhats, Bodhisattvas and scholars, presided over by Arhat Pudarkika and others, was held under the royal patronage of King Kanishka of Jalandhara. The purpose of this Council was to establish the authenticity of eighteen schools of thought which had resulted from the Buddha's teachings having been taught in four different languages. At this time, the three baskets of teachings were recorded in written form.

The Rise of the Great Vehicle

Near the beginning of the Christian era, Buddhism reached a decisive phase in its development; the emergence of the Mahayana or the Great Vehicle. The ideal of the Great Vehicle was the Bodhisattva, the being who, out of compassion for all sentient beings, aspires to attain enlightenment in order to be able to free them from suffering and lead them to enlightenment. Followers of the Great Vehicle view it as extending rather than replacing the Low Vehicle, for the Buddha taught various aspects of truth at different times specifically adapted to the capabilities of people with different levels of understanding.

With the rise of the Great Vehicle, Buddhism was injected with tremendous mass appeal, and the resulting expansion was both rapid and remarkable. Two magnificent teachers, Nagarjuna and Asanga, are regarded as the fathers of the Great Vehicle. By the seventh century C.E., a little more than a thousand years after the birth of the Buddha, Buddhism had become an established cultural force throughout Asia, having spread to Ceylon, Burma,

Siam, Cambodia, Indonesia, China, Korea, Japan and Tibet.

BUDDHIST DOCTRINE

The Sanskrit word for a religious doctrine is _Dharma_ which literally means to hold one's identity. This literal meaning is applied to all phenomena, but when the same word is used for a religious doctrine, it means a subjective entity that holds sentient beings back from the miseries of cyclic existence. Restraining or saving beings from misery is subject to different interpretations. According to the Low Vehicle teachings it means restraining beings from the sufferings of worldly existence. According to the Great Vehicle teachings, it means restraining beings from all obstacles to the state of Buddhahood or omniscience. According to the Tantric teachings, it means restraining beings from attraction to ordinary appearances. Thus, the word _Dharma_ indicates the entire Buddhist doctrine of the Sutras and the Tantras.

The essence of Buddhist doctrine is the ethical teaching to abandon harming others and the philosophical teaching of dependent arising. Abandoning harming others means the total abandonment of thoughts, words and deeds that would be harmful to others. The teachings and practices of the ten virtuous actions and the higher teachings of altruism are all included in the basic precept to abandon harming others.

The philosophy of dependent arising is the Buddhist account of the ultiate origin and nature of all phenomena. Buddhism asserts that the origin of the universe and living beings has nothing to do with an independent personal creator, rather they have arisen out of dependent arising. The Buddha explained different levels of this on different occasions according to the understanding of his disciples, which in turn gave rise to the various philosophical schools after his death. What he taught was that nothing is independent. Everything is dependent on various causes and conditions; everything is dependent on a subjective mind; everything is dependent upon conceptual imputation; everything lacks an independent nature or self; and everything lacks inherent existence.

The ultimate nature of all phenomena, their lack of an independent nature or existence is referred to as selflessness or emptiness, while their conventional nature is dependent arising or dependent existence. All the teachings of the Buddha leading, directly or indirectly, to a correct understanding of the ultimate nature of things are included in his teachings of dependent arising.

An attitude which avoids harming others and a correct understanding of dependent arising are the epitome of the Buddhist doctrine.

A careful investigation of our lives and worldly activities reveals that seeking pleasure and avoiding pain is a goal shared even with the lowest species of animals. If we are interested in making the best use of our precious human lives, it is possible for us to achieve much higher goals with effects beyond this life. Further investigation reveals that the Buddhist doctrine is an appropriate vehicle for the achievement of such goals.

To enter into practice of the Dharma, or Buddhist doctrine, one must take refuge from the heart in the Buddha, Dharma and Sangha. Taking refuge is a faithful acceptance of the Buddha, the fully enlightened one, as the spiritual guide or teacher, the Dharma, his doctrine, as the path, and the Sangha, the Buddhist community, as spiritual companions. Developing such faith is the heart of taking refuge, and it is this basic thought that distinguishes Buddhists from non-Buddhists. Although many Buddhists follow the Buddha and his teachings mainly out of faith, he strongly emphasised that people should study, contemplate and examine his teachings rather than follow him blindly out of respect and faith. Thus, the Buddha, Dharma and Sangha can be accepted as the supreme objects of refuge on two levels: one merely of faith and the other out of understanding. Several scriptures clearly indicate that the only way to establish the Buddha as the supreme teacher is to establish the validity of his teachings by means of study, practice, contemplation and examination. It is also important to note the point made by Acharya Dharmakirti, that the teachings by which the Buddha can be established as the supreme teacher are those concerning the path and fruit of liberation rather than those concerning minor subjects such, as the number of insects or the measurement of the earth.

A correct understanding of the nature of the Buddha, Dharma and Sangha is important through the entire course of practice. The Buddha, the fully enlightened one, has totally abandoned all unwholesome characteristics and achieved all virtuous qualities. Because his mind is free of all obscurations and their imprints, he is omniscient. The Dharma, the holy doctrine, is the immaculate state of the cessation of suffering and defilement and the system of paths to this cessation. The Sangha, or spiritual community, is the community of realised superior beings who have fully or partly realised the noble path and cessation.

There are four reasons why the Buddha is the only ultimate of refuge:

(1), The Buddha himself is free of all fear.
(2), He is wise and skilful in freeing others from fear.
(3), He possesses an undifferentiable great compassion for all beings.
(4), He helps all beings without thought of his benefit.

If Buddha lacked the first quality, he would not have been able to help others, and if he lacked the second, he would not know how to help them. If he lacked the third quality, he might not help all beings and if lacked the fourth, he might help only those beings who benefited him in return. However, as the Buddha is capable of helping all others regardless of his own benefit, his doctrine and community are also objects of refuge.

The Law of Karma

The Sanskrit word karma means action or deed. The Law of Karma is one of the principal pillars of the teachings of Buddhism. It can be said to derive from the fundamental Buddhist teaching of dependent arising. The Buddha taught that neither the sufferings nor the pleasures of living are causeless, nor are they caused by a personal creator. They are caused by the good and bad actions of living beings themselves. All sufferings, from an ordinary headache to the torture of hell, and pleasures, from the relief of a cool breeze to the joys of heaven, are caused by our own good and bad actions. Although we perform actions through deeds of body, speech and mind, the ultimate agent of all these actions is the mind, or thought. For this reason, thought is the ultimate example of karma. Actions directly performed by mind are called actions of intention, while those performed through body and speech are called intended actions. Acharya Vasubandhu, in his Treasury of Knowledge (Abhidharmakosha) says:

> From action have arisen the variety of worlds;
> (Action) is the thought and that which is done by it;
>
> Thought is the action of mind, while those caused
> By it are the actions of body and speech.
> (Chapter 4, verse 1)

There are four important aspects of the law of karma:

1) Definite action produces definite kinds of fruit.
2) Once created, effects of an action increase.
3) An action not done produces no fruit.
4) Once done actions never go to waste.

Karma works in a definite order. It is impossible to experience a particular fruit if its causes and conditions, a definite action, are incomplete. Similarly, it is impossible to avoid or change the result once we have completed a definite action. Wholesome actions produce pleasure and happy results, while unwholesome actions produce sorrow and suffering. There is no way to produce pleasure from unwholesome actions and vice versa. This is what is meant by the unfailing nature of karma.

Karmic actions, if they are not counteracted, multiply at an unimaginably high rate. The minute pipal seed can grow into a huge tree which can cover five hundred carts in its shade. The increase or multiplication of karma is said to be several million times greater than that of a pipal seed. Multiplication of our good actions is mostly obstructed by our strong mental afflictions, whereas the increase of our unwholesome actions mostly remains unobstructed. The third characteristic of karma, which is obvious from the first, is that no fruit, however small, will be reaped if no action is done. It also implies that under normal circumstances the results of an action performed by one person can never be transferred to another person. The fourth general characteristic of karma, which is obvious from the second, concerns its endurance. Actions once done, no matter how small they are, will definitely bear fruit some time if they are not counteracted. Under normal circumstances actions will not waste away without bearing fruit at some time. Sentient beings are unable to experience all the results of their good actions because of the strong obstructions of their mental afflictions. Instead, they mostly experience the results of their bad actions because they have not taken countermeasures by means of specific practices.

Once the general characteristics of karma have been understood, the practice of virtue and the avoidance of unwholesome actions in our daily life is stressed. Innumerable unwholesome actions have been subsumed under ten major categories, referred to in the scriptures as the ten unwholesome actions. These are: killing, stealing, and sexual misconduct, which we commit with our body; lying, divisive talk, harsh words, and idle talk, which we commit through our speech; and covetousness, malice, and wrong view, which we commit with our mind. Each of these ten unwholesome actions may yield three unpleasant results in the future. For instance, due to killing one will take birth in realms of suffering, one's life will be short, and one will be continually assailed by harm. Abandoning the ten unwholesome actions is the practice of the ten virtuous actions. These ten also yield three wholesome results each. For instance, by avoiding killing and saving lives, one will be born in happy realms, one will enjoy a long happy life and find peace and friendship. In short, the definite results of unwholesome actions are the sufferings of hell, hungry ghosts and animals, which are forms of life in realms of misery. The definite results of the virtuous actions are the pleasures of human beings and gods, which are referred to in the scriptures as higher forms of life. To practise the path to liberation it is essential to secure successive lives in such higher realms. This cannot be done without practising virtuous actions. Thus, the practise of virtuous actions is the foundation and root of the pleasures of higher lives as well as those of liberation.

Renunciation and Liberation

The practise of the ten virtuous actions gives rise to the pleasures of higher birth as gods or men. These results are important in accomplishing the higher goals of liberation and enlightenment, but are not the final goals themselves. The worldly pleasures of gods and men are transitory, contaminated by afflictive thoughts, and rooted in suffering. As preconditions of suffering they are disguised forms of suffering. Buddhism teaches that the entire realm of cyclic existence, from the deepest hell to the highest god realm, is an endless cycle of suffering lacking any genuine or lasting pleasure.

Knowing that this is the true nature of worldly existence, the Buddha taught that without totally renouncing worldly interest in cyclic existence it is impossible to achieve the path to liberation. A genuine resolve to renounce all interest in cyclic existence, based on a true realisation of its nature, is referred to as the thought or definite wish for freedom. Generation of such a thought is crucial to beginning a true Dharma practise.

Liberation is defined as a state of complete freedom from the bondage of afflictive emotions and suffering. The system of paths to liberation consists of renunciation as the entrance, the abandonment of mental afflictions through the practice of the four noble truths as the path, and the achievement of Nirvana, the state beyond sorrow, as the final goal. This set of teachings leading to the state of liberation concerns the path suited to persons of middling capacity.

The Four Noble Truths

In his first discourse at Sarnath, the Buddha taught the Four Noble Truths to his first five disciples. This teaching is regarded as the essence and outline of all Buddhist teachings. The first two truths concern the origin, path and fruit of worldly existence, while the latter two truths concern the fruit and path of liberation. The four noble truths are: the truth of suffering, the truth of the origin of suffering, the truth of cessation, and the truth of the path. They are called noble truths because they are truths realised only by noble or superior persons. After identifying the four truths, the Buddha taught how to realise suffering, how to abandon the cause of suffering, how to achieve the cessation of suffering, and how to practise the path to cessation.

Suffering here has a broader definition than its narrow, conventional meaning. It includes common worldly sufferings, all worldly pleasures, and the physical and mental aggregates of worldly beings. These are related to as three levels of suffering, known respectively as the suffering of suffering, the suffering of change, and pervasive suffering. The ultimate realisation is of pervasive suffering, which is to realise that our five aggregates, originated in suffering, are the medium of our present sufferings and are the source of future sufferings. A true realisation of suffering automatically leads to an investigation of its origin with a strong intention of stopping it.

Realising the truth of the origin of suffering consists of correctly identifying the causes of suffering and abandoning them. Also, identification of the origin involves rejection of wrong views concerning the lack of origins or irrelevant origins, such as a personal creator, and coming to realise the Buddha's teaching that actions and afflictive emotions are the true ultimate origins of suffering. These two are referred to in the scriptures, but since actions are conceived, created and activated by afflictive emotions, it is the afflictive emotions which are the ultimate origin of suffering. Although several afflictive emotions are involved in conceiving action, the root of them is wrong view with regard to the ultimate nature of self and phenomena. This wrong view, which is the specific ultimate origin of all sufferings, is commonly referred to as the ignorant conception of self. This is not a case of simply not knowing the nature of an object, but of conceiving the object to exist in a way directly opposite to its nature. Thus, the final abandonment of the origin of suffering depends on uprooting the wrong view of the ultimate nature of self and phenomena. The process of uprooting this ignorance will be discussed below under the truth of the path.

After identifying the ignorant conception of self as the root of all sufferings, the next step is to examine whether this wrong view can be eliminated. When one understands that it can be eliminated by realising selflessness, one can infer that it is possible to achieve the state of cessation of suffering by eliminating its root cause through the gradual development of the wisdom understanding selflessness. Thus, identification and achievement of true cessation depends on identifying and achieving the path of such understanding.

Knowing that the cessation of suffering is attainable, one must identify and practise the path to it. Development of this path involves the identification of the imputed object of the root of ignorance, negation of this object through a series of valid reasonings, the establishment of selflessness, the realisation of selflessness through contemplation, and the stabilisation of this realisation through insight meditiation. The phases of cessation advance in proportion to the degree of realisation of selflessness. When the progress of realisation is complete, the moon of cessation becomes full simultaneous with the attainment of Nirvana. Thus, the practice of the path is the development and realisation of the wisdom understanding selflessness.

Three Stages of Realisation

Buddhism, being a doctrine that lays greater stress on purifying mental defilements and obstructions than on recitation and physical penance, is a systematic training of the mind through a definite and gradual course of study, contemplation and meditation. Study of the doctrine consists of finding a qualified teacher and hearing the doctrine from him, then studying and memorizing root texts and commentaries to them, investigating their meaning through discussion with other knowledgeable persons, asserting or refuting different views by means of dialectics, and acquainting oneself with the viewpoints of other Buddhist or non-Buddhist schools. The purpose of hearing and studying is to form a concrete idea of the profound subjects contained in the scriptures. The discriminative wisdom acquired from hearing and study is called the wisdom of hearing.

After acquiring a conceptual understanding of the doctrine through hearing, the next step is to contemplate what has been understood. Here the principal emphasis is on intensive contemplation using four different logical reasonings with the aim of establishing the meaning for oneself. Such contemplation involves eliminating doubts and establishing theses with a variety of valid logical reasonings until one fully grasps the meaning independently of textual references. The purpose of this contemplation is to fully realise the objects of study at a conceptual level and the discriminative wisdom thus acquired is called contemplative wisdom.

Mere conceptual realisation of reality is not sufficient to eliminate root ignorance and other afflictive emotions. Direct realization of reality through personal experience is indispensable for eliminating the root afflictions. Thus, the objective realisation of the contemplative wisdom is developed further by means of meditation until it transforms into direct realisation. This involves several stages of training.

First one must achieve a state of mental quiescence called calm abiding (shamatha). Although calm abiding is the deepest level of mental concentration, it alone is not capable of uprooting the afflictions. Thus, it is conjoined with subtle investigative meditations, without moving from the state of calm abiding. This eventually gives rise to special insight (Vipashyana). Further development of this insight through familiarity leads to direct realisation of the truth. The actual process of uprooting the afflictive emotions begins at this stage and continues until the achievement of the final goal.

Thus, the practices of hearing, contemplation and meditation are strongly emphasised in the actual realisation of Buddhist teachings. It is clearly explained in the scriptures that there is no way to achieve higher meditative levels without the preliminaries of hearing and contemplation and that it is spiritually futile if hearing and contemplation are not followed by the meditational practices which actually purify one's inner defilements.

The Three Vehicles

The Buddha taught three levels of teachings known as the three vehicles; the Hearer Vehicle (Shravakayana), the Solitary Realiser's Vehicle (Pratekyabuddhayana), and the Great Vehicle

(Mahayana or Bodhisattvayana). The first two vehicles which present the path to personal liberation from cyclic existence are referred to as the Low Vehicle. Their final attainment and their abandonment of obstructions are incomplete. The Great Vehicle presents the path to full enlightenment and the complete abandonment of all obstructions.

The Teachings of the Great Vehicle

The teachings of the Great Vehicle are divided into two; the Perfection Vehicle (Paramitayana) and the Tantric Vehicle (Tantrayana). The general system of the Great Vehicle involves the generation of an altruistic aspiration to enlightenment or mind of enlightenment, in the beginning, the accumulation of enormous merit and wisdom through the practice of the six perfections in the middle, and the attainment of the state of omniscience or enlightenment at the end.

The altruistic mind of enlightenment is the core of the great vehicle and is defined as a genuine wish to attain complete enlightenment solely for the benefit of other sentient beings. There are two major lineages of methods for generating this mind of enlightenment. The first lineage, which was passed down from Maitreya and Acharya Asanga (395-470) is known as the method of Six Causes and One Result. According to this method there are seven contemplations to be done: seeing all beings as having been your mother, gratefully remembering their kindness, developing a wish to repay their kindness, generating love, generating great compassion, and generating a sense of special responsibility for liberating them. These result in the generation of the mind of enlightenment. The second lineage, which was passed down from

Acharya Nagarjuna (1st century C.E.) and Acharya Shantideva (8th century) is known as the Exchange of Self and Others. According to this method, the technique of exchanging self with others which involves seeing the flaws of selfishness and the merits of altruism, seeing self and others as equals, seeing others as more precious than the self, and exchanging the relative positions of self and others, will generate the mind of enlightenment. Despite differences of their special techniques, these two methods are not contradictory. The principal techniques in both methods are the generation of love, great compassion, and special responsibility for sentient beings. Of these, great compassion is distinguished as the root cause of the mind of enlightenment. In the Great Vehicle teachings no other practice or attitude holds higher place than generating the mind of enlightenment. It is praised as the seed, root and heart of the final goal of full enlightenment.

With the mind of enlightenment as the entrance, the Great Vehicle system consists of the gradual practice of five paths and ten stages of a Bodhisattva's development. The first Bodhisattva stage occurs only on the third of the five paths, the Path of Seeing. A person becomes a Bodhisattva on generating the mind of enlightenment, but on the Path of Seeing he realizes emptiness of true existence for the first time and becomes a Bodhisattva superior.

Numerous vast practices of Bodhisattvas are contained within the practice of the six perfections, which include the perfections of generosity, morality, patience, effort, concentration, and wisdom. The practice of the first three perfections accomplishes the collection of merit, while the practice of the last two accomplishes the collection of insight. The fourth perfection contributes to both collections.

The Perfection of Wisdom

The Perfection of Wisdom is a central practice of the Great Vehicle. This practice concerns the ultimate nature of phenomena as taught by the Buddha during his second turning of the wheel of Dharma. There are two schools of interpretation: the Mind Only School (Chittamatra), founded by Acharya Asanga, and the Middle Way School (Madhyamaka), founded by Acharya Nagarjuna.

Asserting three classifications of phenomena, the Mind Only school holds that dependent phenomena and their ultimate nature are truly existent while conceptual imputations are not truly existent. It also holds that phenomena are, by nature and substance, inseparable from mind, which is the ultimate substantial entity.

The Middle Way school asserts that all phenomena, including mind and the ultimate nature of phenomena, lack true existence. The ultimate nature of phenomena is emptiness of true existence, which is also referred to as suchness, selflessness, sphere of reality and absolute truth.

Again, due to differences in interpreting the meaning of the lack of true existence, the Middle Way school further divided into two: the Middle Way Autonomy School (Svatantrika Madhyamika), founded by Acharya Bhavaviveka (2nd-3rd century C.E.), and the Middle Way Consequence School (Prasangika Madhyamika), founded by Acharya Buddhapalita (2nd-3rd century

C.E.). The Middle Way Autonomists interpret the lack of true existence to be a lack of absolute existence, but not a lack of inherent existence. However, the Middle Way Consequentialists interpret the lack of true existence as being as lack of inherent existence. For Consequentialists, true existence, inherent existence, absolute existence, substantial existence and objective existence are synonymous and -don't exist. For Autonomists, inherent existence, substantial existence, objective existence, and conventional existence are synonymous and do exist. The crucial point of difference between the two Middle Way schools lies in the distinction between the object to be refuted and the object which is to be the basis of imputation. In Tibet, the viewpoint of the Middle Way Consequence school was recognized as the highest and most correct expression of the viewpoint of the Buddha and Nagarjuna.

The Tantric Teachings

The Vajrayana is superior to the Perfection Vehicle because of its speed, the variety of its techniques to awaken the primordial mind, and in its perfect union of wisdom and method. These superior qualities are due to its direct approach to the supreme attainment with special emphasis on techniques such as deity yoga and transformation of the inner elements.

The Vajrayana is divided into four classes of Tantras according to the degree of emphasis on external or internal practices. Action Tantra (Kriya Tantra) is largely concerned with external activities; Performance Tantra (Charya Tantra) places equal emphasis on external activities and inner yoga practice;

Yoga Tantra emphasises inner practices and Highest Yoga Tantra (Anuttara Yoga Tantra) deals with the highest inner practices. An outline of the Tantric system involves renunciation, generation of the mind of enlightenment and understanding emptiness as basic preliminaries; receiving initiations or empowerment as the special entrance to Tantric practice, gradual practice of deity yoga including many sub-yogas, which gives rise to the stability required to practise the higher transformation yogas; and achievement of extraordinary worldly and transcendental feats, of which the highest is enlightenment. In the case of Highest Yoga Tantra, the actual practice following empowerments consists of two principal stages, the Generation Stage and the Completion Stage. The generation stage, which is further divided into coarse and subtle stages, consists of practises of purification, transforming the ordinary body into a divine body of a deity, the ordinary speech into the divine speech of mantra, and the ordinary conceptual mind into the divine mind of primordial awareness. In short, the five contaminated aggregates of an ordinary being are transformed into the five Buddha families.

Practice of the completion stage begins after accomplishing the generation stage. The basic and instrumental practice here involves the merging, abidance and dissolution of energy winds into the central channel. Its actual practice consists of six levels: Physical isolation, Verbal isolation, Mental isolation, Illusory body, Clear Light, and Learner's union. The ultimate and supreme goal of full enlightenment or Buddhahood is attained after accomplishing these six stages of the completion stage. Buddhahood is referred to in the Tantras as the state of

Vajradhara and is identified as a state of the complete union of the actual clear light of the omniscient mind and the pure illusory body of a Buddha. This union is described as eternal, unalterable, indestructible, immovable, inconceivable, omniscient, omnipresent, all-powerful, and fulfilling all virtuous activities spontaneously in the right place at the right time.

Importance of Distinction Between Vehicles and Schools of Tenets

It is extremely important, particularly for those who depend heavily on translations into western languages, to distinguish Buddhist vehicles from schools of tenets. The meanings of these traditional terms overlap each other in a complicated manner.

The first two vehicles, the Hearer's Vehicle (Shravakayana) and the Solitary Realiser's Vehicle (Pratekyabuddhayana), are classified under the common heading Low Vehicle (Hinayana). Under this classification, the teachings of the Buddha can be categorized into two main vehicles, the Low Vehicle and the Great Vehicle or Bodhisattva Vehicle (Mahayana or Bodhisattvayana). The basis for distinction between the two vehicles is the nature of spiritual aspiration. The follower of the Low Vehicle aspires for personal liberation from cyclic existence, while the follower of the Great Vehicle aspires for full enlightenment in order to liberate other sentient beings.

The division of Buddhist schools of tenets into four---the Great Exposition (Vaibhashika), Sutra (Sautrantika), Mind Only (Chittamatra) and the Middle Way (Madhyamika)---is made on the basis of their philosophical views. The first two schools assert the true existence of all phenomena. The Mind Only school asserts that some phenomena truly exist and the Middle Way school asserts that all phenomena are not truly existent. The first two schools are referred to as Low Vehicle schools, while the latter two are referred to as Great Vehicle schools. A person may belong to a Low Vehicle school by tenet but, according to his motive, may well be a Great Vehicle practitioner. An example is a Bodhisattva who holds the view of the Great Exposition school. Similarly, a person may adhere to a Great Vehicle schools of tenets although, because he only seeks his own liberation, he actually follows the Low Vehicle. Thus, people belonging to Great Vehicle schools may or may not be Great Vehicle practitioners, and people belonging to Low Vehicle schools may or may not be Low Vehicle practitioners.

Understanding such distinctions is important for proper understanding and mutual respect among the Buddhist traditions. Some scholars have mistakenly criticised Tibetan references to the School of Elders (Theravadins) as belonging to the Low Vehicle, saying it is pejorative and lacking in compassion. The School of Elders, being a sub-school of the Great Exposition school, does belong to the Low Vehicle in terms of tenets, but this does not imply that they have the practice and motive of the Low Vehicle. As explained above, some Elders could well be Bodhisattvas in their practice. Similarly, although Tibetan Buddhists profess a Great Vehicle view, according to their motive many of them could be Low Vehicle practicioners. Indeed, many of them might not even be Buddhist practicioners. We cannot distinguish some Buddhist teachings as better or worse than others. The Buddha gave various teachings in accordance with the capacity and inclination of his followers, all of which lead towards the same ultimate goal of Buddhahood.

INTRODUCTION OF BUDDHISM TO TIBET

Tibetan Origins

The cradle of Tibetan civilisation and the birthplace of the Tibetan nation is the Yarlung valley, in central Tibet. According to tradition, the Tibetan people sprang from the union of a monkey, an emanation of Avalokiteshvara, the patron deity of Tibet, and a rock ogress. As the population grew the Tibetans found themselves without a leader. Fortunately, an Indian king named Rupati, after defeat in the Mahabharata war, fled to Tibet. In the Yarlung valley he met some Tibetans grazing their cattle. Not understanding their questions, Rupati pointed up to the sky. Believing that Raputi meant that he had descended from the heavens, the Tibetans decided to make him their king. Placing him in a sedan chair, the herdsmen carried him on their shoulders to their village and named him Nyetri Tsenpo, or Neck-enthroned King.

The first Tibetan king to come into contact with Buddhism was Lha Tho-tho-ri Nyen-tsen, the twenty-eighth Tibetan king, who lived around 173 C.E. Tradition holds that he received a book of Buddhist scripture from a Nepalese Buddhist pandit. Yet Buddhism received little royal patronage until the mighty Songtsen Gampo five centuries later. He was also responsible for consolidating the Tibetan empire and extending its control even into Nepal and northern India.

From the earliest times, Tibetans have considered their land of Snowy Ranges a distinct cultural entity and an individual nation-state. During the seventh century, under the rule of Songtsen Gampo, the national religion of Tibet was Bon, which formalised the Tibetan perception of the world prior to the introduction of Buddhism. Although somewhat eclipsed by the new doctrine from India, the Bon traditions were preserved and developed in their monasteries. To the present day, they have continued to contribute to Tibetan culture in the fields of philosophy, astrology, poetry and so forth.

Tibet's Relations With Neighbouring Nations

The spread of Buddhism was facilitated by the unswerving patronage of the Tibetan kings and the exposure of this new powerful state to other cultures and nations. Under Song-tsen Gampo Tibet was firmly re-established as a great Asian power and began to expand into China and other neighbouring states. Tibetan troops subdued Nepal and reached into northern India. Wars with neighbouring China were not infrequent.

The death of Songtsen Gampo in 649 or 650 C.E. did not slow the rapid conquest of neighbouring territories. The great cultural and commercial centres strung along the caravan routes of Turkestan were removed gradually from Chinese sway and brought under Tibetan control. Trisong Detsen, enthroned in 755, resumed their military activity. Profiting from China's military weakness, the Tibetans suceeded in capturing the Chinese capital of Changan in 763 and placed a new emperor on the Chinese throne. Trisong Detsen was succeeded by Tri Ralpachen, who concluded a peace treaty with China (821-822) the text of which is inscribed on a pillar in Lhasa.

These three kings, Songtsen Gampo, Trisong Detsen, and Tri Ralpachen, were fervent adherents to Buddhism, and did much to propagate it among their people. The Tibetans refer to them reverently as the three religious kings.

The Tibetans retained active and dynamic contact with their neighbours, both near and distant, throughout this period and absorbed vast cultural influences. The Shang-Shung kingdom was incorporated into the Tibetan empire and with it came a strong Iranian influence. Indian cultural and commercial ideas made their way into Tibet up the Sutlej river valley. Nepalese art and architecture strongly influenced their Tibetan counterparts, and strong commercial ties were maintained with East and West Turkestan, as well as China. Tibet, previously a relatively backward culture, succeeded in raising her cultural and commercial standards to the level of the rest of the world. This period saw Buddhism establish deep roots within the minds and lives of the Tibetan people.

Songtsen Gampo and Thomi Sambhota

Songtsen Gampo's achievements lie not only in his consolidation and expansion of the Tibetan empire, but also in his great patronage of Buddhism. To this day Tibetans regard him as an incarnation of Chenresi (Avalokiteshvara), the Bodhisattva embodying compassion and the protector of Tibet. In addition to a number of Tibetan wives, Songtsen Gampo wed a Chinese princess named Wengchen Kongjo and a Nepalese princess named Bhrikuti Devi, both of whom were Buddhists. Each brought a statue of Buddha with her to Tibet, which, to house, temples were erected in Lhasa, Ramoche and the famous Jokhang.

Songtsen Gampo sent a group of educated young Tibetans to India to study languages. Of this group only the famous minister

Thomi Sambhota survived. After many years in Kashmir, Thomi Sambhota mastered Sanskrit. He then returned to Tibet and set about devising a Tibetan alphabet and grammar.

This invention of a Tibetan script and its subsequent introduction throughout Tibet, triggered a phenomenal change in cultural outlook. The cultural and intellectual influence of neighbouring countries could now be consolidated and established in Tibetan terms. Tibetan history, which had previously been passed down orally, could now be recorded accurately in writing. But most important, the introduction of writing facilitated the spread of Buddhism in Tibet. In providing the means for translation, it afforded Tibetans access to the vast corpus of Buddhist literature.

Buddhism was also advanced during the reign of Meg Agtsom, who ruled Tibet some time after Song-tsen Gampo, under the influence of his Chinese queen Chin-Ch'eng. When a large group of Buddhist monks fled the Muslim onslaught in East Turkestan, he gave them refuge and their presence seems to have further stimulated the spread of Buddhism in Tibet. Meg Agtsom also sent four Tibetans to China to obtain various Buddhist scriptures, but he died before their return.

Trisong Detsen and the Great Buddhist Debate

During the reign of Trisong Detsen (755-797), reputed to be the greatest of Tibetan emperors, Buddhism continued to be woven into the fabric of Tibetan life. This progress was not, however, altogether unresisted. The aristocracy strongly opposed Buddhism, feeling that the new philosophy would undermine their power and privilege. Thus, there were two factions. On one side were the imperial family, proponents of Buddhism, and opposing them was the powerful Tibetan aristocracy and the vestiges of Bon.

Heedless of controversy, Trisong Detsen appointed a Buddhist, Basalnang, the governor of the southern Tibetan province, which bordered on Nepal. There Basalnang established contact with Indian Buddhists. The famous Indian scholar Shantarakshita was invited to Tibet and subsequently, at his recommendation, the famous Tantric master Padmasambhava of Oddiyana. Padmasambhava ritually subjugated the evil spirits and forces hostile to the establishment of Buddhism in Tibet. In cooperation with Shantarakshita, he constructed the Samye monastery, reputedly the first Buddhist monastery in Tibet. The first seven Tibetan Buddhist monks were ordained in 767 C.E.

During Trisong Detsen's reign the famous Buddhist debate occurred concerning doctrinal differences between Indian and Chinese Buddhists. The latter, led by Ho-shang, contended that Buddhahood was an instantaneous realization attained through complete physical and mental passivity, while the former, represented by Kamalashila, a disciple of Shantarakshita, asserted that a gradual perfection of an individual's wisdom and moral character was required to attain Buddhahood. After two years of debate Trisong Detsen declared himself in favour of the Indian Buddhist's view. The Chinese party was expelled from Tibet, and henceforth the Middle Way school of Nagarjuna was practised as the established form of Buddhism.

Translation of Buddhist Literature

By the time of Tri Ralpachen, a great number of Buddhist

texts had been translated into Tibetan. A commission established to create a uniform language of translation completed this task during his reign (817-836). Indian scholars such as Jinamitra, Surendrabodhi, Shilendrabodhi, Danshila, and Bodhimitra, along with such Tibetan translators as Kawa Peltsek and Chogro Lui Gyaltsen were members of the commission. They compiled a compendium which authoritatively established the translation of Buddhist technical terms and standardised texts that had already been translated.

The Age of Darkness: Disintegration of the Empire

Tragically, the life of Tri Ralpachen, whose reign produced marvellous feats of scholarship, was cut short. While Songtsen Gampo and Trisong Detsen pragmatically tempered their attachment to the sophisticated new doctrines of Buddhism, Tri Ralpachen, fervently urged all of his subjects, low and high, to conform to Buddhist morality. This aroused strong opposition, which eventually isolated Ralpachen and led to his assassination. The opposition immediately enthroned Ralpachen's elder brother Lang Darma as the new emperor of Tibet.

Under Lang Darma, Tibetan Buddhism suffered and the Tibetan empire disintegrated. Lang Darma proved to be weak and soon became a puppet of the anti-Buddhist, pro Bon aristocracy. In a mad frenzy, they ordered the razing of Buddhist monasteries and the burning of Buddhist scriptures. Foreign monks were expelled from Tibet, while Tibetan monks were forced to become laymen. Buddhism was generally and effectively repressed and the less sophisticated Bon religion restored.

Tibet's political fortunes were no less distressing. After a

Buddhist named Pelkyi Dorje assassinated Lang Darma, his descendants, after a long period of fighting amongst themselves, divided and parcelled out Tibet. The foreign territories under Tibetan control broke away, and an increasing number of small principalities began to assert their independence. The great Tibetan empire was reduced to a chaotic feudal anarchy. Simultaneously, however, Bon lost much political clout and this facilitated the second introduction of Buddhism to Tibet.

THE SECOND SPREAD OF BUDDHISM IN TIBET

The Doctrine in East and North-Eastern Tibet

Tibetan history gives a glowing account of the spiritual leaders who saved Buddhism. Three monks, Yo Geyung, Mar Shakyamuni and Tsang Rabsel, while meditating in their hermitage, came to know that Lang Darma had launched an attack on Buddhism and they successfully made their escape. Making their way to western Tibet and on to East Turkestan, the group finally settled in the Tibetan province of Amdo, near the Machu river and the upper Hwangho. Due to the decline in Tibet's political influence, the central government had no control there. After much hesitation, as well as difficulty in finding monks to make up the quorum necessary to give the ordination, they ordained a talented young man, later known as Gongpa Rabsel, who championed the cause of spreading Buddhism throughout central Tibet. With their help, Gongpa Rabsel, in turn ordained ten young men who had established their own centre to preserve the Buddhist doctrine. Foremost among them was Lagpa Dampa Lu-me Tsultrim, who returned to central Tibet along with five companions.In Samye, where the persecution of Buddhists had been somewhat less severe, Lu-me and his companions established a centre and began to disseminate the Buddhist doctrine. The group reestablished monastic traditions and built temples and monasteries.

Yeshi Od and Western Tibet

The work of Gongpa Rabsel and Lu-me received valuable support from western Tibet, which was then ruled by Tsenpo Khor-re who belonged to the dynasty of old Tibetan emperors. When his two sons became Buddhist monks, the king relinquished the crown to his brother and took the name Lha-Lama Yeshi Od.

Yeshi Od chose twenty-one youths from his realm, divided them into three groups, and sent them to Kashmir, where many noted teachers and mystics from the various schools of Buddhism could be found. As Yeshi Od continued his efforts to further the teachings of the Buddha, he heard of Atisha, a leading light at the Buddhist university of Vikramashila in Magadha, and decided to invite the great scholar to Tibet. He led an expedition to neighbouring Turkestan to obtain sufficient gold with which to invite Atisha, but was defeated and captured. Despite entreaties on the royal monk's behalf by his great-nephew Jangchub Od, his captors refused to release him for less than his weight in gold. From his prison cell, Yeshi Od urged his nephew to use what gold he had gathered to invite Atisha to Tibet instead. The invitation was accepted and Yeshi Od died in prison, happy to sacrifice his life for the cause of Buddhism.

Rinchen Sangpo and Atisha

Of the twenty-one youths sent to Kashmir by Yeshi Od, only Rinchen Sangpo and Legpai Sherab returned safely to Tibet. Rinchen Sangpo had studied under many great scholars in India and had mastered Buddhist philosophy. He had also learned various Tantras including the Kalachakra. Through his efforts many Indian scholars again visited Tibet. In cooperation with them, Rinchen Sangpo translated an enormous number of Buddhist scriptures into Tibetan and revised old translations made during the reign of Trisong Detsen.

Rinchen Sangpo also instigated the construction of numerous

temples and monasteries throughout western Tibet, Ladakh, Lahaul and Spiti. Many of these, particularly in Lahaul and Spiti, retain the deep influence of Rinchen Sangpo today.

In the great struggle to revive Tibetan Buddhism, Atisha appears as a heroic figure. Atisha, or Jowo Je, as he is referred to by Tibetan Buddhists, was born in Bengal and died in 1054 in Nethang, in central Tibet. He was the son of a prince, but devoted himself to a religious life. He studied widely with such masters as Shantipa and Naropa, even undergoing the hazards of a voyage to Sumatra to learn of the mind of enlightenment with Dharmarakshita. Atisha's erudition was renowned and eventually he came to hold a prestigious position at the university of Vikramashila. It was there that he received the invitation to Tibet and, despite his superior's reluctance, accepted it. He arrived in western Tibet in 1042.

Atisha first met Rinchen Sangpo in the monastery of Tholing. The famous Tibetan translator was already eighty-five, and, upon meeting Atisha, did not bow to him. However, hearing him teach, Rinchen Sangpo was deeply impressed and requested Atisha to instruct him. Together they translated a number of Buddhist texts into Tibetan.

Atisha worked diligently for the Buddhist cause, purifying Tibetan Buddhism of unacceptable practices and reconciling the requirements of religious discipline and philosophy. He composed a text, _Lamp for the Path to Enlightenment_, which laid out the stages of the path and has been of inspiration to successive generations up to the present.

In Purang, Atisha taught a number of Tibetans, among whom

was Gyalwai Jungney, or Lama Drom Tonpa, who later consolidated the tradition of Atisha and founded the Kadampa sect to perpetuate it. He then visited various centres in central Tibet such as Yarlung, Samye, Yerpa and Lhasa.

Having passed on his tradition to Gyalwai Jungney, Atisha died at the age of seventy-three in Nethang, on the banks of the Kyichu River near Lhasa.

The Great Translators

The role of the Tibetan translators in establishing Buddhism in Tibet cannot be overestimated. With remarkable perseverance and dedication, these scholars assimilated Indian Buddhist culture and succeeded in transporting it to the Land of the Snowy Ranges. The efforts of a relatively small group of men broadened Tibetan's entire mental outlook, actually altering the entire cultural milieu. Between the seventh and thirteenth centuries 153 went to India and returned to Tibet. Notable among these were Thomi Sambhota, Vairochana, Lhalung Dorje Pel, Rinchen Sangpo and Marpa, the teacher of Milarepa.

THE FOUR IMPORTANT SCHOOLS

During the time of Rinchen Sangpo and Atisha, there were no recognizable sects or lineages identified with individuals or groups of monasteries. This openness was primarily due to the continued contact with Indian Buddhism, but after the twelfth century Muslim invasion of India, this open communication was shut off. Slowly Tibetan Buddhism became diversified into a number of different schools, or sects.

This diversity added to the richness of Tibetan Buddhism. Of the numerous schools, four seem to have been prominent in their impact upon Tibetan cultural development.

The Nyingmapa School

The Nyingmapa is the oldest school of Tibetan Buddhism. Its origins can be traced to the period prior to the second spread of Buddhism in Tibet, when the Tibetan empire flourished.

The central figure of the Nyingmapa lineage is Padmasambhava. Tradition states that he was miraculously born in the north Indian province of Oddiyana. He travelled extensively throughout Buddhist India studying and practising with various Indian masters. His fame as a tantric adept inspired Trisong Detsen to invite him to Tibet to subdue obstacles to the spread of Buddhism.

While wandering throughout Tibet and neighbouring regions, he hid numerous secret doctrines in various places. These Treasures (called _termas_) were later discovered at appropriate times by appropriate people. Foremost among these Treasure Masters was Orgyen Lingpa (died 1379), who is also reputed to have discovered the biography of Padmasambhava. This work states that Padmasambhava hid some 108 Treasures of scriptures, 125 important tantric images, and the five very rare essences, the most secret doctrines, between the Mount Kailash region of Tibet and China.

The discovery of these hidden Treasures stimulated and revived spiritual traditions and provided an uninterrupted tradition from the times of the emperors to the later codified teachings of the Nyingma order. The collection of Nyingma Treasure teachings discovered since the twelfth century was later compiled into sixty-one volumes. An important additional tradition was transmitted by Vimalamitra, one of Padmasambhava's Indian collaborators. Vimalamitra transmitted the fundamental instructions of the Great Completion (Dzogchen) of the Nyingma lineage to the Tibetan scholar Nyang Ting-nge-zin, who hid them. These precepts, called the Nying-thig or Heart's Drop Instructions were later discovered and, still later, elucidated by Longchenpa, the prominent Nyingma Lama of the fourteenth century.

Nyingmapas divide the Buddha's teachings into nine sections or vehicles. The first three are ascribed to the Emanation Body and were proclaimed by the Buddha. They are the Vehicle of the Disciples, who follow the teachings of the Buddha and attain Arhatship; the Vehicle of Solitary Realizers, for those who recognize the teachings for themselves but are not in a position to teach to the world; and the Vehicle of the Bodhisattvas, those who follow the teachings of the Perfection of Wisdom. The next three vehicles, ascribed to the Enjoyment Body, are the Action,

Performance and Yoga Tantras, which together comprise the doctrines of the lower or outer tantras. The last and highest vehicles, ascribed to the Truth Body, are the Highest Yoga Tantras, the Maha, Anu and Ati Yogas. This last vehicle is synonymous with the Great Completion----Dzogchen.

Besides Dorje Drag and Mindroling monasteries, which were in central Tibet, the principal Nyingma monasteries such as Ka-thog, Pal-yul, Dzogchen and Zhe-dun were in Kham, in eastern Tibet.

The Kagyu School

The founder of the Kagyu School of Tibetan Buddhism was the great translator Marpa (1012-1098). He was born in the southern Tibetan district of Lhodrag. After learning Sanskrit from the translator Drogmi and driven by his determination to master the doctrine, Marpa sold all his worldly possessions for gold and made his way to India. There he met one of the most famous Vajrayana teachers of the period, Naropa, who lived near the reputed monastery of Nalanda. He received Marpa joyfully and initiated him into various profound doctrines, including the Six Yogas of Naropa.

Marpa was not satisfied by his first stay in India. He returned twice to obtain further spiritual instruction and bring Tantric texts to Tibet. Marpa's most distinguished disciple was Milarepa, whose biography is a classic of Tibetan literature.

Milarepa (1040-1123) was born in the district of Gungthang near the Nepalese border. His father's death left the family poverty stricken and his uncle seized the remaining family property. In retaliation, Milarepa was trained in black magic and managed to destroy the lives of those who had wrought such havoc upon his family. However, he was soon torn by remorse and, determined to achieve enlightenment, he approached Marpa.

Marpa subjected Milarepa to a series of hardships to purify his previous misdeeds, but eventually he imparted to him the teachings he had received from Naropa. Milarepa, renowned for actually achieving enlightenment in one life, was Marpa's most important and influential disciple.

The spiritual lineage of the Kagyu School begins with the Adibuddha Vajradhara, who gave tantric teachings to Tilopa, who initiated Naropa. He taught Marpa, who in turn taught Milarepa. Milarepa had eight spiritual sons and thirteen lesser sons of whom Gampopa (1079-1153) and Rechung (1084-1161) were the most widely known. The numerous subsects of the Kagyu School grew from the tradition handed down by Gampopa.

The Sakya School

The Sakya school of Tibetan Buddhism takes its name from the Sakya monastery in the central Tibetan province of Tsang which was established by Khon Khonchog Gyalpo. The central teaching of the Sakya school is the doctrine of Paths and Fruits, which is derived from the tradition of Drogmi, a translator who studied in India. Manjushri, or the Bodhisattva of wisdom, is of great significance to this school, and seven of his incarnations have appeared in the lineage of the Sakya hierarchs.

The Sakyas were the first school to combine temporal and spiritual power. Kungya Gyaltsen (1182-1253) contributed notably to the spiritual and secular development of the Sakya school, and is still referred to as Sakya Pandita. He was responsible for establishing strong diplomatic relations with the rising Mongol chieftains, due to which Tibet was spared destruction during the great Mongol invasion. Genghis Khan and Sakya Pandita maintained regular correspondence and later the Lama was invited to the court of the Mongol prince Godan Khan, where he cured the prince of a serious illness (1244). Buddhism was eventually established as a great cultural force in Mongolia due to the serene dignity and foresight of the foremost Sakya lama.

During the time of Phagpa (1235-1280), a nephew of Sakya Pandita, the Sakya Lamas gained recognition of their secular dominance over three Tibetan districts, which greatly enhanced their secular power. They maintained their political dominance over these regions of Tibet for approximately ninety years.

Phagpa was also a profound Buddhist scholar. He was invited by Khublai Khan, the principal Mongol prince, to administer his Chinese territories. Phagpa accepted and, while in Khublai Khan's court, insisted upon his equality with the emperor. The resulting dispute was settled by an agreement wherein all spiritual and Tibetan matters were to be handled by the grand Lama, while the prince would handle all secular affairs.

The grand Lama of Sakya had a great influence over Khublai Khan who was impressed by his wisdom, knowledge and dignified behaviour. When Phagpa devised an alphabet suited to the Mongol language, he was more pleased and decreed that all Buddhists in Tibet, Mongolia and China adhere to the Sakya tradition. However, Phagpa dissuaded the emperor from enacting such a law, explaining that the Buddha himself taught that every Buddhist should be free to follow the form of Buddhism most suited to him.

Gelug School

The Gelug School of Tibetan Buddhism originated in the Kadampa, founded by Atisha. Tsongkhapa, however, was responsible for unifying the tradition. Born in 1357 in the Tibetan province of Amdo, Tsongkhapa displayed a great aptitude for learning at a very early age. He took the vows of a novice at seven and at sixteen, on the advice of his teacher travelled to central Tibet to broaden the scope of his learning and experience. He became acquainted with all forms of Tibetan Buddhism, but was particularly interested in Buddhist logic, in which he was adept, as a means for validating and realizing the doctrine. Of the many works he composed, the most widely known is the Lam-rim or The Graded Path to Enlightenment.

Tsongkhapa rapidly accumulated followers. In 1393 he had eight disciples, but after sixteen years his following was so large that it constituted a new school. This school stressed the importance of strictly observing monastic discipline and the need for a sound education as a basis for religious practice. In 1409 Tsongkhapa founded the famous monastery of Gaden and became its first abbot. Drepung was built in 1416 followed by Sera in 1419. These three monastic universities formed the core of the Gelugpa school, attracting monks from all over Tibet and beyond.

Tsongkhapa, or, as Tibetans refer to him, Je Rinpoche (the Precious Lord), died in Gaden in 1419. His religious legacy, synthesising the great spirit of Tibetan Buddhism, influenced the whole of Tibet.

Gendun Drub, the first Dalai Lama was one of Tsongkhapa's foremost disciples and his nephew. He founded the monastery of

Tashi Lhunpo in Tsang province. This later became the seat of the Panchen Lamas, the first of whom was a teacher of the fourth and fifth Dalai Lamas. The Dalai Lamas are regarded as incarnations of Avalokiteshvara, the Bodhisattva embodying compassion, the protector of Tibet, and the Panchen Lamas are regarded as incarnations of Buddha Amitabha.

Some Special Characteristics of Tibetan Buddhism

The Lama

The Tibetan word Lama is a translation of the Sanskrit word guru, which literally means weighty one, implying one who possesses great knowledge and spiritual accomplishment. The literal meaning of lama is high one or spiritual one, signifying a superior being who teaches the path to liberation. The qualifications of a lama or spiritual teacher who is capable of leading interested disciples to the goal of liberation have been described, according to the three basic traditions, as follows.

In the collection of monastic discipline (the Vinaya), several qualifications of a spiritual teacher have been given. But as a minimum condition he should possess two basic qualities: stability and scholarship. The quality of stability means that he should have kept the Bhikshu vows successfully and continuously for a minimum of ten years. The quality of scholarship means that he should have a profound knowledge of the Three Collections of Scripture (Tripitakas) and the ceremonies of ordination.

According to the Great Vehicle teachings, ten qualifications of a spiritual teacher or lama have been given. He should observe his vows and ethical precepts, follow the practices of meditative concentration, follow the practices of discriminative wisdom, possess greater qualities of scholarship and realization than his disciples, dedicate his efforts towards the achievement of his own and others' ultimate goals, have a profound knowledge of the Three Collections of Scripture, understand the true nature of phenomena, be skilful in teaching his disciples, have great affection and kindness for his disciples and all sentient beings, and not be discouraged by the difficulties he faces for the sake of his disciples. A Lama should possess all these ten qualities. If one fails to find such a lama because of the degeneration of the age, one may look for a lama who possesses at least eight of these qualities.

According to the Tantric Vehicle, a Lama should possess several special qualities of a Tantric teacher in addition to the general qualities of a Great Vehicle teacher.

Persons interested in finding a spiritual teacher should first discover the qualifications of such a person as indicated in the scriptures. If the chosen teacher does have the necessary qualities, he may be adopted as one's lama. But once a relationship has been established between a lama and a disciple, the disciple is required to maintain a strong faith in his lama in accordance with the Dharma.

Reincarnate Lamas

Highly realized Lamas are bound by their Bodhisattva vows not to rest in the state of liberation, but to reappear in the world to work for the welfare of all sentient beings. Before passing away, they are often requested by their disciples to reappear in the same place to continue their work of teaching and liberating suffering beings. Consequently, if lamas can foresee benefits of their being reborn in the same place, they reappear there in the form of reincarnations. Reincarnations who have been carefully sought and recognized are known as reincarnate lamas. Thus the term Lama is also often used for the young reincarnations of previous lamas.

The tradition of formally recognising reincarnate lamas in Tibet began with the recognition of the second Karmapa, Karma Pakshi (1206-1283), as the reincarnation of the first Karmapa, Dusum Khyenpa (1110-1193). Since then this tradition has spread widely throughout Tibet in all the major Buddhist schools. The total number of reincarnate lamas in Tibet before 1959 is estimated to have been about ten thousand, while in exile there are about four hundred.

Tulku

The Tibetan word tulku (sprul-sku) is the equivalent of the Sanskrit word Nirmanakaya, which means the Emanation Body of a Buddha. There are three kinds of Emanation Bodies of a Buddha: the Artisan Emanation Body, such as when the Buddha emanated as a musician to subdue the pride of a divine musician; the Emanation Body by Birth, such as the various incarnations of Buddha in different worlds; and the Supreme Emanation Body, such as the Buddha Shakyamuni, who performs the twelve great deeds of a Buddha. Thus, the word tulku originally meant the incarnation or emanation of a Buddha. Later, and more colloquially, the word has come to refer to all incarnations of high lamas. So, all reincarnate Lamas are also known as Tulkus.

The process for recognising the reincarnation of deceased lamas consists of consulting high lamas and oracles for indications of where to look for the young reincarnation. Those searching carefully assess the words, behaviour and mental attitudes of the likely child candidates and special good signs or omens experienced by the parents before and at the time of the candidate's birth. The final decision is made by a highly realised lama, based on the consistency of all tests, when he recognises such and such a child as the reincarnation of such and such a Lama. There are also cases in which a child speaks clearly about the details of his past life, including his previous name. After consulting an authorised Lama and successfully conducting other formal tests, the child is recognised as a reincarnated Lama.

RELIGION ASSUMES POWER: THE DALAI LAMAS

The Great Fifth

By the sixteenth century the power and influence of the Gelugpas had grown enormously. The third Dalai Lama, Sonam Gyatso, greatly strengthened their political prospects when he brought the Mongols back to Buddhism. After his visit to Mongolia in 1578 at the invitation of Altan Khan of the Tumet Mongols, monasteries were constructed and the influence of shamanistic beliefs was reduced. As the greatest power in central Asia, the Mongols' adherence to Buddhism greatly improved the relations between Tibet, Mongolia and China. Sonam Gyatso was given the title Dalai Lama, or Ocean of Wisdom, by Altan Khan. The fourth Dalai Lama, Yonten Gyatso, was even born to a Mongolian family, but was taken to Tibet to be educated.

During this period, Tibet was a confusion of conflicting hegemonies, composed of the powerful families of descendants of the aristocracy of imperial Tibet. No one faction could gain control over Tibet.

Lobsang Gyatso, the fifth Dalai Lama, known as the Great Fifth, was born in 1617 in central Tibet to a family linked to both the Sakyapas and the Nyingmapas. He was soon recognised as the fifth Dalai Lama and duly enthroned. He unified Tibet for the first time since the eighth century and strengthened the central government. Cultural relations with India and other neighbouring countries were re-established and the Great Fifth himself visited China. When he passed away in 1682, the rule of Tibet passed into the hands of the Regent, Desi Sangye Gyatso. Thereafter, under the rule of the successive Dalai Lamas, Tibetan society provided a social structure adapted to ensuring both the material and spiritual well being of the Tibetan people.

The Outward Spread of Tibetan Culture

By the late seventeenth century Tibet had fully assimilated Buddhism and a purely Tibetan form had evolved. Tibetan Buddhism had gained acceptance outside Tibet, particularly in Mongolia, where it remained an established cultural force from the period of Sakya Pandita to the 1920's. When the socialist revolution demolished Mongol culture, Buddhism remained the sole stabilizing force. Tibetan Buddhism also spread to areas of China bordering Tibet, particularly in the province of Yunnan, and into Indian territories such as Ladakh, Lahaul, Spiti, Sikkim and Arunachal Pradesh, as well as Nepal and Bhutan.

The Monastic Institution

Tibetan monasteries ranged in size from small temples to monastic cities or universities. The growth of the monastic institution is fundamental to any discussion of Tibetan Buddhism. The Buddhist Sangha provided a model of social organization. The Tibetans developed the monastic institution to such an extent that it changed the social fabric of Tibet and came to dominate the political and cultural life of the nation. Despite numerous differences, all Tibetan monasteries follow the monastic discipline set forth in the Vinaya.

Many monasteries had large populations of monks. An involved hierarchical system evolved to maintain discipline, oversee education and the organisation of prayer assemblies, and to create an atmosphere conducive to spiritual development. Daily monastic life consisted of prayers, assemblies, study and meditation. The large monasteries were divided into colleges, which were in turn subdivided.

The Thirteenth Dalai Lama

During the eighteenth and nineteenth centuries, the period between the sixth and twelfth Dalai Lamas, the influence of Manchu China was felt increasingly in Tibet. During the reign of the thirteenth Dalai Lama, the Great Game between Great Britain and Czarist Russia was at its height. These two powers attempted to manoeuver themselves into positions of strength throughout central Asia. Tibet was helplessly drawn into this struggle between the two superpowers. The Younghusband expedition to Tibet, intended to increase British influence on the nation, drove the thirteenth Dalai Lama to seek refuge in Mongolia. He subsequently visited China, then returned to Tibet. The Chinese, led by Chao Er-fang, invaded Tibet in 1910 and again forced the Dalai Lama to flee, this time to British India. However, the Chinese republican revolution of 1911, which overthrew the Manchu dynasty, enabled the Dalai Lama to return to Tibet, where he declared Tibetan independence.

The thirteenth Dalai Lama recognized the importance of modernisation. Troops of the small Tibetan army were trained in Gyantse in southern Tibet and in India, and a small police force was organised. The British assisted in installing a telegraph line from Lhasa to Gyantse, a geographical survey was taken of much of Tibet, and a hydro-electric plant was constructed in Lhasa. Tibetan students were also sent to Britain to be educated. In addition, the Dalai Lama instigated a number of reforms of religious institutions.

The thirteenth Dalai Lama secured about forty years of peace and stability for his people. From 1911, when the last Manchu soldiers were expelled from Tibet, until 1949, when the People's Liberation Army of Communist China invaded Tibet, the small nation enjoyed complete independence. An energetic and concerned leader, who had voiced his fears concerning the future of Tibet, the thirteenth Dalai Lama passed away in 1933.

THE FOURTEENTH DALAI LAMA, TENZIN GYATSO

When the thirteenth Dalai Lama passed away in 1933, the task that confronted the Tibetan Government was not simply to appoint a successor but to search for the incarnation of Chenrezig, the embodiment of the compassion of all Buddhas.

In 1935 the Regent of Tibet went to the sacred lake of Lhamoi Lhatso at Chokhorgyal, approximately ninety miles south-east of Lhasa. For centuries the Tibetans had observed that visions of the future could be seen in this lake. The Regent had a vision of three Tibetan letters, Ah, Ka, and Ma, followed by a picture of a monastery with roofs of jade and gold, and a house with turquoise tiles. A detailed description of this vision was recorded and kept in strict secrecy.

In 1937, high lamas and dignitaries carrying the secrets of the vision were sent to all parts of Tibet in search of the place which the Regent had seen in the vision. The search party which travelled east was led by Lama Kewtsang Rinpoche of Sera Monastery. When the party arrived in Amdo, they found a house matching the description of the secret vision. With Kewtsang Rinpoche disguised as a servant and the junior official Lobsang Tsewang disguised as the leader, the party went to the house. The Rinpoche was wearing a rosary which had belonged to the thirteenth Dalai Lama. The two year old boy who lived in the house noticed the rosary and demanded that it be given to him. Kewtsang Rinpoche promised to give the child the rosary if he could guess who he was. The boy replied that he was "Sera aga," which means "a Lama of Sera." The Rinpoche asked the boy who the leader of his party was and the boy gave his real name. He also knew the name of the servant. This episode was soon followed by a series of tests which included the choosing of articles that had belonged to the Dalai Lama from a collection of perfect duplicates.

With these tests the party was convinced that the reincarnation had been found. Their conviction was enhanced by the vision of letters in Lhamoi Lhatso: Ah could stand for Amdo, Ka could stand for Kumbum, the largest monastery in the region, and the two letters Ka and Ma could stand for the monastery of Karmapa Rolpai Dorjee on the mountain above the village. The fact that the thirteenth Dalai Lama had stayed in this monastery while returning from China was deemed significant as well. In 1940, at nearly five years of age, the new Dalai Lama was enthroned.

The Dalai Lama's Education in Tibet

The young Dalai Lama lived in the Potala Palace where he was in the care of his two tutors, Ling Rinpoche and Trijang Rinpoche, who instructed him in Buddhist philosophy. He showed exceptional ability to understand and memorize the vast and complex texts. Yet, he was also interested in the outside world and spent a large amount of time independently studying such subjects as English, mathematics and world geography.

His Holiness' education, which centred on religious training, began at the age of six, and lasted for the next eighteen years. When he was twelve he began to study dialectics, for which he had to study and memorize treatises on the higher subjects of Buddhist thought and participate in discussions on them with the most learned scholars.

At the age of thirteen His Holiness was formally admitted into the two large monastic universities of Drepung and Sera. On this occasion he had to participate in congregational debates on the great treatises. This was his first experience of public debate, during which he skillfully faced learned abbots in front of hundreds of scholarly religious dignitaries and thousands of monks. Soon he began studying philosophy in earnest and advanced quickly.

At twenty-four years of age, His Holiness the Dalai Lama took preliminary examinations at each of the three great monastic universities. At each examination he competed in debate with fifteen learned scholars (three for each of the five treatises). He also had to stand before two erudite abbots and initiate a dialectical discussion on any of the five principal subjects.

One year later he took the final examination for his Geshe degree, the culmination of years of study. This was held during the Monlam (Great Prayer) Festival in the Jokhang (Central Cathedral) of Lhasa. During the morning he was examined on logic (Pramana) by thirty scholars in congregational discussion. In the afternoon fifteen scholars debated with him on the Middle View (Madhyamika), and the Perfection of Wisdom (Prajnaparamita. During the evening, thirty-five scholars tested his knowledge of monastic discipline (Vinaya) and the study of metaphysics (Abhidharma). These expository debates were held before a crowd of hundreds of scholars and thousands of monks.

At the age of fifteen His Holiness decided to begin giving teachings because of his strong belief that only through religion could people attain true happiness. In 1951 he gave the

Avalokiteshvara initiation in Dromo and Gyantse. In 1954, at the Norbu Lingka palace, his summer home, he gave a series of Graded Path (Lam-Rim) teachings, and in 1957 he gave the Kalachakra initiation.

Responsibilities of State and Exile in India

At the age of sixteen, His Holiness the Dalai Lama was called upon to assume full political power when Tibet was threatened with the invasion by Communist China.

In 1949, Chinese forces entered eastern Tibet. Although the thirteenth Dalai Lama had made some attempts to modernise the Tibetan army, they could not match the modern weapons of the Chinese. Throughout the next nine years, His Holiness attempted to co-exist with Chinese authorities. The Chinese returned a token respect for Tibetan customs and religion. However, as they gained more control, they intensified their aggression. In 1954, His Holiness went to Peking to negotiate with Mao Tse-Tung and other Chinese leaders, including Chou En-Lai and Deng Xiao-Ping. In 1956, while visiting India to attend the 2,500th Buddha Jayanti Anniversary, His Holiness the Dalai Lama met with Indian Prime Minister Nehru and Premier Chou En-Lai to discuss the deteriorating conditions in Tibet.

In 1959, His Holiness, no longer able to serve his people by remaining in Tibet, fled to India with 100,000 Tibetans in the hope of securing the assistance of the United Nations. He appealed to them on the question of Tibet, which resulted in the adoption of three resolutions by the General Assembly in 1959, 1961 and 1965. These called for the "cessation of practices that deprive the Tibetan people of their fundamental human rights and freedoms including their right to self-determination."

His Holiness the Dalai Lama promulgated a draft constitution in 1963 which assured a democratic form of government for the Tibetan people. Since then his Government-in-Exile has been functioning in accordance with the provisions of that constitution, with elected representatives taking major roles in the government. The Tibetan Government-in-Exile, under the leadership of His Holiness the Dalai Lama, has had great success in resettling vast numbers of refugees and relieving their distress. His Holiness lives the simple, frugal life of a monk, yet has never neglected his responsibility for the welfare of his people.

Contact with the East and West

Unlike his predecessors, the fourteenth Dalai Lama has travelled widely , both in the East and the West. He has met spiritual and political leaders, scientists, doctors, writers, philosophers, and ordinary people with whom he has shared ideas and view points. These encounters included meetings with the late Pope Paul VI in the Vatican in 1973 and with His Holiness Pope John Paul II several times. On these occasions, they discussed many subjects, particularly world peace and harmony.

The Dalai Lama's Message

During all his travels abroad, His Holiness the Dalai Lama has spoken for better understanding and respect between the different faiths of the world. Towards this end he has given numerous talks which impart the message of universal responsibility, love, compassion and kindness:

> The need for simply human-to-human relationships is
> becoming increasingly urgent.... Today the world is
> smaller and smaller and more interdependent. One
> nation's problems can no longer be solved by itself
> completely. Thus, without a sense of universal
> responsibility, our very survival is threatened.
> Basically, universal responsibility is feeling for
> other people's suffering just as we feel for our own.
> It is the realisation that even our enemy is entirely
> motivated by the quest for happiness. We must recognize
> that all beings want the same thing. This is the way to
> achieve a true understanding unfettered by artificial
> considerations.

His Holiness believes that human beings must learn to disarm themselves from within before a lasting and meaningful peace can be achieved without. As long as we are human beings, he says, we will need tolerance, compassion, and love. To develop a sense of human feeling is of the utmost importance; from there one may recognize his or her position within the human family. Thus, each person is responsible for the attainment of a genuine world peace.

People today live in a materially advanced world, but His Holiness sees that such progress has not eliminated human suffering. Even those who have wealth and material comfort experience suffering. He realises that material progress is necessary and that it provides many important benefits. Yet, we have reached a point where we should examine other areas of development

While the intellect has been greatly developed and put to use, the heart has been neglected. Due to this lack of good heart, although we may live in material comfort we do not necessarily feel fully satisfied or experience peace. Such development entails the creation of an inner peace by practising compassion, love, understanding and respect for all human beings while overcoming obstacles such as anger, hatred, fear and suspicion.

In order to achieve this, one must minimize negative thoughts and increase positive ones. In daily life, one should strive to recognize the negative aspects of anger and the positive aspects of love and compassion. Angry people who have little inner peace also have few good friends. Those who are calm by nature have true friends who remain by them through success or failure. It is plain that such friends are not acquired through anger, jealousy or greed but through love, compassion, openness and sincerity. Negative thoughts are destroyers of happiness, while positive thoughts are creators of it.

Thus, His Holiness believes the one true enemy we all have is anger. Whether we experience it in our own mind, our friends or enemies, it is anger that is the foe. Whereas anger is always harmful, people are not so consistent. Someone may be your enemy today, but tomorrow or next year he may become your friend. So when a person is doing us harm, we should not overly blame him; one day his motivation may change.

In order to counter anger, we must also increase tolerance. In order to develop patience and tolerance we need an enemy, without which we have no way of practising them. To be faced with an enemy is thus a beneficial situation: it offers us an opportunity to increase our patience and test our inner strength. If we think in this way, we will view our enemies in a better light and become grateful to them for providing us with opportunities to practise patience and tolerance.

His Holiness believes that each religion can contribute to mankind. All the religious teachers of the past gave their teachings for the benefit of human beings. Any sincere follower of one of the world's religions has achieved some sort of inner peace. His Holiness believes that all religions are basically aiming at the same thing, and that they all produce good people. He believes that we should keep this in mind in order to develop respect for the world's various religions.

Wherever he goes, His Holiness the Dalai Lama's visits have had a tremendous impact on the public. He has a unique gift for summarizing the essentials of his views in direct terms:

My religion is simple...My religion is kindness.

TIBETAN BUDDHISM IN EXILE

It may happen that here in the centre of Tibet religion and the secular administration will be attacked both from outside and within. Unless we can guard our own country, it will now happen that the Dalai and Panchen Lamas, the Father and the Son, the Holders of the Faith, the glorious reincarnations, will be broken down and left without a name. With regard to the monasteries and the monkhood, their lands and other properties will be destroyed. All beings will be sunk in great hardship and in overpowering fear; the days and nights will drag on slowly in suffering.

----The Thirteenth Dalai Lama, 1931

By 1949 the forces of the Chinese Communist People's Liberation Army had begun to gather near Tibet's eastern borders. By 1951, they had marched into Lhasa. After eight years of increasingly tense cohabitation, a revolt broke out in Lhasa in March, 1959, following which His Holiness the Dalai Lama, followed by about 75,000 refugees, fled to India. In the absence of the Dalai Lama, the Chinese made every effort to undermine Tibet's cultural heritage. More than six thousand monasteries were razed or converted to cattle sheds, millions of books were burnt, and precious works of art were taken to China by truck and melted down. China used the resulting gold and silver to pay off her debt to the Soviet Union.

His Holiness established his headquarters in Dharamsala in the hills of north India. Among his problems were feeding, clothing and sheltering the refugees who had followed him into exile. Many of the children were orphans, their parents having remained in Tibet or having died in their escape.

Among the refugees were 7,000 monks and nuns. Their presence presented great problems and simultaneously offered hope. Tibetan people depending upon their religion for consolation and guidance

150

have survived countless difficulties with little or no psychological damage. They place great trust in their lamas. Thus, the strength of religious institutions is vital to the survival of the Tibetan people. The monks and nuns who had escaped Tibet provided hope, but the problem was how to re-establish these institutions in exile.

In Tibet, monasteries functioned as universities and centres of religion and culture. Scholarship was greatly prized. Many monks wrote commentaries on the philosophical treatises of Indian Buddhist masters, while others composed formal poetry or studied medicine and astrology. The monastery was the only avenue for academic development in Tibet. The monasteries also fostered art, which was mainly religious. Paintings and statues had to be constructed according to precise guidelines laid down in the scriptures. Painters and scultptors were often monks, and if they were not, they were dependent upon the knowledge of monastic scholars. The monasteries also commissioned many works of art.

A typical Tibetan monastic curriculum consists mainly the study of the five topics, which are the Perfection of Wisdom (Prajnaparamita), the Middle Way (Madhyamaika), the Canon of Monastic Discipline (Vinaya), Metaphysics (Abhidharma), and Logic and Dialectics (Pramana). This study is typically divided into classes, the first dealing with the Collected Topics of Prime Cognition (from the Pramana), which consists of memorizing, listening to explanations, and debating definitions with classmates. Dialectics are an integral part of Tibetan Buddhism. Through debating a student can examine a philosophical point from various angles, establishing its validity through reasoning. He thereby gains a deeper understanding of the texts, particularly of their subtler points, which are crucial to a full comprehension of Buddhist philosophy. Students also utilize methods of concentration and meditation especially used for the advanced study and practice of religion. Memorization is considered an essential tool as well. A student may have memorized over three thousand pages by the time he completes his studies. After completing all these studies, monks would be awarded degrees respective to their own traditions.

Resettling Monks and Rebuilding Monasteries

At the request of H.H. the Dalai Lama, the Indian government granted permission for 1,500 lamas, scholars, monks and nuns to build a monastic camp at Buxa, in Assam. This camp, built on the site of a former British prison, was founded in 1959.

The pattern of life in the Buxa camp resembled that of the monastery. Monks and nuns were provided with facilities to pursue their studies and practices according to their own traditions. Every effort was made to follow the traditional teaching system, but books were extremely scarce. Those that were available were often copied onto the wrappers of milk cartons and food crates.

With the increase of tuberculosis by 1966, it became apparent that the camp at Buxa would have to be relocated. Buxa was situated in a jungle where the hot, humid climate placed great demands on the Tibetans' health. The Indian government, approached by His Holiness, offered to assist a relocation.

By 1970, arrangements with the Indian government had been completed to relocate the monks in Karnataka. The first monks left Buxa in 1971. His Holiness encouraged them to endure the hard labour of reconstructing new settlements and in time they began to see reconstruction as an opportunity to determine their own future. By 1972, Buxa had been abandoned.

Monks had to learn to grow food and sought the advice of Tibetan farmers and various Indian agricultural advisors. Since they had no tools, they had to pull ploughs themselves. By 1974, sufficent buildings had been constructed to support a monastic routine, which was resumed. However, as monks had to work in the fields, there was less time for study, so fewer monks were able to complete their studies. Nevertheless, through great effort and devotion, the religious traditions of Tibet are being preserved.

Most monasteries have tripled in size since the early seventies, but their resources have remained the same. The greatest priority is to restore scholarship to the level which existed in Tibet. Due to Chinese destruction, there is little or nothing left in Tibet to maintain the religious tradition. Therefore, the full responsibility for preserving Tibetan tradition lies with the monasteries in India, Nepal and Bhutan.

Presently, there are over two hundred monasteries in exile in India, Nepal and Bhutan. Together, these house 10,450 monks and 550 nuns. The main monasteries in exile are Thekchol Namdol Ling, in Bylakuppe, Karnataka and Ngedon Gatsal Ling, in Clementown, Dehra Dun of the Nyingma school; the Rumtek Monastery in Gangtok, Sikkim and the Phuntsok Choekhor Ling, in Tashi Jong, Himachal Pradesh of the Kagyu school; the Thuptan Namgyal Ling in Puruwala, Ngor Aewam Choedhan and Manduwala, both in Himachal Pradesh, and Tzechen Tanpai Gatsal, in Rajpur, Uttar Pradesh of

153

the Sakya school; Drepung and Gaden, both in Mundgod, Karnataka state, Sera and Tashi Lhunpo in Bylakuppe, Karnataka state, the Gyuto Tantric Monastery in Bomdila, Arunachal Pradesh, and the Gyumey Tantric Monastery in Hunsur, Karnataka state of the Gelug school; and, finally, the Thopgyal Menri Ling in Solan, Himachal Pradesh, the Tashi Tharten Ling, in Nepal, and the Dza Mongyan, in Dehra Dun, Uttar Pradesh of the Bon school.

In addition to the monasteries, which also serve as universities for higher Tibetan and Buddhist studies, the Tibetan administration in exile has also established a number of institutions for the study of Tibetan religion, art and culture. These include the Central Institute of Higher Tibetan Studies, Sarnath; the Library of Tibetan Works and Archives, Dharamsala; the Tibet House, New Delhi; the Tibetan Medical and Astrological Institute, Dharamsala; the Tibetan Institute of Performing Arts, Dharamsala; the Institute of Buddhist Dialectics, Dharamsala; and the Training School of Tibetan Metal Craft, also in Dharamsala.

Buddhist Centres Abroad

Various lamas and scholars, in collaboration with their foreign students, have established, in the last twenty-nine years, over six hundred Tibetan Buddhist centres in thirty-two different countries outside of India and Nepal. These centres have greatly conributed to the spread of Buddhist teachings throughout the world.

문진희(文眞姬, 1951-)는 고대 경전 전공으로 인도의 펀잡 대학교에서 박사학위를 받았다. 현재 사단법인 한국영성교육원 원장으로 '부론 Yoga School' 및 '요가삿상'을 운영하면서 후학들 및 영적 수행을 위한 구도자들과 함께 명상에 전념하고 있다. 저서 및 역서로『요가입문서』『구도자의 길』『여성을 위한 요가』『요가 호흡정석』『사랑에 눈뜰 때까지』『나의 눈』『의식수준을 넘어서』등이 있다.

심재룡(沈在龍, 1943-2004)은 서울대학교 철학과를 졸업하고, 미국 하와이대학교 철학과에서 석사 및 박사학위를 받았다. 서울대학교 철학과 교수를 역임했으며, 저서로『한국의 전통사상』『한국에서 철학하는 자세들』『동양의 지혜와 선』『중국 불교 철학사』『부처님이 올 수 없는 땅』『삶이여 번뇌의 바다여』등이 있고, 역서로『아홉 마당으로 풀어쓴 선』『연꽃 속의 보석이여: 티베트 불교 길잡이』『있는 그대로의 자유』『유배된 자유: 달라이 라마 자서전』『티베트 성자와 보낸 3일』등이 있다.

Moon Jin Hee (1951-)
She received her Ph.D from Punjab University, India majored in Ancient Scriptures. Currently, she runs the Buron Yoga School as a Director, Korea Institute for Spiritual Learning and Yoga Satsang as a Representative. She is dedicated to meditating with seekers and students.
Writings: *Beginner's Book for Yoga*, *Seeker's Guide*, *Yoga Meditation* 1-13 (Audio Material)
Translatings: *Yoga for Woman*, *Light on Pranayama*, *Companion of God*, *The Eye of I*, *Transcending the Levels of Consciousness*.

Sim Jae Ryong (1943-2004)
He graduated from Seoul National University majored in philosophy and received his master's and doctoral degrees from the University of Hawaii majored in philosophy. He served as professor of philosophy at Seoul National University.

티베트, 人間과 文化

문진희 엮음

초판1쇄 발행 ──────── 1988년 6월 22일
초판2쇄 발행 ──────── 2017년 9월 10일
발행인 ──────── 李起雄
발행처 ──────── 悅話堂
경기도 파주시 광인사길 25 파주출판도시
전화 031-955-7000 팩스 031-955-7010
www.youlhwadang.co.kr yhdp@youlhwadang.co.kr
등록번호 ──────── 제10-74호
등록일자 ──────── 1971년 7월 2일
편집 ──────── 김금희 김수옥 이규상
디자인 ──────── 차명숙 기영내
인쇄 및 제책 ──────── ㈜상지사피앤비

값은 뒤표지에 있습니다.

ISBN 978-89-301-0588-0 03220

Tibet, its People and Culture © 2017 by Youlhwadang Publishers
Photographs and texts provided by the provisional government of Tibet.
Compiled by Moon Jin-hee.

Published by Youlhwadang Publishers. Printed in Korea.

이 도서의 국립중앙도서관 출판시도서목록(CIP)은
e-CIP 홈페이지(http://www.nl.go.kr/ecip)에서
이용하실 수 있습니다.(CIP제어번호: CIP2017014637)